光与热的奉献

——中国科学院上海技术物理研究所科学家的故事

中国科学院上海技术物理研究所 编著

科学出版社
北京

内容简介

《光与热的奉献——中国科学院上海技术物理研究所科学家的故事》是由中国科学院上海技术物理研究所组织编撰的一本文集。书中描述的是研究所通过国家战略使命牵引，在红外与光电科学技术领域开展科技创新活动中科学家的故事，集中梳理并刻画了研究所的两院院士、专家、中青年科技骨干和创新团队的群像。本书通过采集科学家们和创新团队的成长历程以及攻关故事，反映具有国立科研机构鲜明特点的自立自强、艰苦奋斗、爱国奉献的科学家精神。

本书不仅适合科研工作者阅读，也适合青少年、教育工作者、传媒工作者阅读。

图书在版编目（CIP）数据

光与热的奉献：中国科学院上海技术物理研究所科学家的故事 / 中国科学院上海技术物理研究所编著．-- 北京：科学出版社，2023.9

ISBN 978-7-03-073928-5

Ⅰ．①光…　Ⅱ．①中…　Ⅲ．①物理学家－事迹－中国－现代　Ⅳ．①K826.11

中国版本图书馆 CIP 数据核字（2022）第 224985 号

责任编辑：谭宏宇 / 责任校对：樊雅琼

责任印制：黄晓鸣 / 封面设计：殷　靓

科学出版社 出版

北京东黄城根北街 16 号

邮政编码：100717

http://www.sciencep.com

南京文脉图文设计制作有限公司排版

上海锦佳印刷有限公司印刷

科学出版社发行　各地新华书店经销

*

2023 年 9 月第　一　版　　开本：787×1 092　1/16

2023 年 9 月第一次印刷　　印张：11 1/2

字数：193 000

定价：120.00 元

（如有印装质量问题，我社负责调换）

研究所简介

中国科学院上海技术物理研究所（本书中简称“上海技物所”）创建于1958年10月。20世纪60年代初，研究所按照国家整体战略需求部署，调整学科方向为红外物理与光电技术研究，并参与了“两弹一星”任务。此后，研究所以红外光电新材料、新器件、新方法等作为主要研究方向，重点发展空天红外与光电有效载荷、红外凝视成像及信号处理、红外探测器、空间主动光电技术及遥感信息处理等技术，先后为我国研发了诸多应用于航空航天领域的首台先进红外与光电遥感仪器，在科技攻关过程中培育了诸多战略科学家、科技领军人才和中青年科技骨干，有力推动了我国红外光电技术的发展。

序

习近平总书记在科学家座谈会上指出，“科学家精神是科技工作者在长期科学实践中积累的宝贵精神财富”。作为第一批纳入中国共产党人精神谱系的伟大精神之一，科学家精神始于科技报国志、盛于攻坚克难时、传于创新强国梦，具有历史厚度、丰富内涵和多维意义，对科技创新实践具有直接的引领和推动作用。

对上海技物所来说，坚持在党的领导下履行国家战略科技力量的使命是建所之初心。从确定发展定位到参与“东方红一号”“两弹一星”科研任务，从周恩来总理提出要发展我国自己的气象卫星到以先进红外光电载荷全面服务我国空间强国建设需要，在参与并完成 170 余次国家卫星型号任务中，上海技物所研制的 380 余台（套）光电产品进入了空间，并有效满足国家所需。围绕国家“燃眉之急”和“心腹之患”，坚持为国家办大事的责任和担当始终如一，这是上海技物所科技工作者爱国奉献、心有大我、至诚报国的最好诠释。

在 60 多年的科技创新征途中，持续攻克一个个看似不可能完成的科技难关，勇于攀登一个个几乎难以企及的科技巅峰，上海技物所的人才和团队在挑战中成长、在风云中历练、在协作中前行。自主培养的科学家中，有 9 人先后当选为两院院士，百余人成长为国家级专家和领军人才，创新人才队伍为诸多国家民用空间基础设施建设、国防装备工程研制、国家重点基础研究和应用基础研究项目作出了突出贡献。获得了 345 项省部级以上科技成果奖励，在部分领域实现了对标国际“领跑”水平的重大突破。这些都是上海技物所科技工作者们求实求新、集智攻关、团结协作的最佳体现。

迈入新征程，300 多名导师悉心培养的 2700 余位研究生接续奋进，成长为我国科技创新的主力军。“把中国发展进步的命运牢牢掌握在自己手里”的时代号召下，全面建设科技强国的号角已经吹响。主动对标国际最先进研究机构和国际最前沿水平，以独有的全创新链体系不断破解技术瓶颈和科学难题，需要年轻一代用智慧和创新扛起中国红外科学与技术的旗帜，需要科苑人才始终以创新先锋的姿态冲在世界科技竞争前列。这将是上海技物所科技工作者创新传承、赓续初心、奋楫笃行的时代最强音。

梳理研究所的科技创新发展历程，讲好上海技物所科技工作者的故事，从而催生奋发向上的动力、汇聚源源不断的力量，是国立科研机构作为国家战略科技力量义不容辞的责任。为此，我们启动了《光与热的奉献——中国科学院上海技术物理研究所科学家的故事》一书的编写，经过一年多的打磨终于付梓，它将成为上海技物所在我国红外光电领域“发光发热”的又一重要见证。书中描写的科技人才和创新团队，是上海技物所几代科技工作者立志报国、矢志不渝的缩影，也是我国科学家和创新团队协同创新、持之以恒的群像。仔细品读光与热的故事，可以回顾党的领导下我国红外与光电技术的发展历程，追寻老一辈科技工作者“有条件上，没有条件，创造条件也要上”的奋斗轨迹；仔细品读光与热的故事，一定会被“用最好的科技成果满足国家需求”创造的成绩所鼓舞，也一定会被坚忍不拔、上下求索的使命担当所感动；仔细品读光与热的故事，年轻一代一定会从我国红外光电科技发展开拓者、建设者、推动者的时代缩写中感受到榜样的力量，受到感召，得到激励。

《光与热的奉献——中国科学院上海技术物理研究所科学家的故事》汇聚的是我国红外光电技术发展中平凡而又闪亮的故事，希望读者能从本书中有所启迪，“深怀爱国之心、砥砺报国之志，主动担负起时代赋予的使命责任”，为实现科技自立自强汇聚磅礴力量。精神可传递，未来犹可期。新征程，谨以本书与科技工作者们共勉。

是为序！

2022 年 10 月

引言

光与热的奉献

——从红外事业发展中感悟科学家精神

党的二十大胜利召开，进一步突出了科教兴国的战略地位，在全面建设社会主义现代化强国新征程中，要坚持创新核心地位，加快高水平科技自立自强。科学家作为科技创新的灵魂，前所未有地站到了新时代赋予的舞台中央，而科学家铸就了科学家精神，科学家精神是具象的，红外事业的发展就是科学家精神体现的一个缩影。

科学家与科学同生共长。现代科学诞生于 17 世纪，而光学与热学的起源可以追溯到两三千年以前，我国春秋战国时期墨子及其弟子所著《墨经》是光学知识最早的记录，18 世纪的蒸汽机带来了第一次工业革命，20 世纪光的量子理论颠覆了经典物理，光与热孕育并发展了现代科学。1800 年英国物理学家赫歇尔从热的观点来研究各色光时，发现了红外线；1887 年德国物理学家赫兹发现了光电效应；1900 年德国物理学家普朗克用能量子假说，创立了黑体热辐射定律；1905 年德国物理学家爱因斯坦提出光量子假设，成功解释了光电效应。黑体热

赫歇尔

赫兹

普朗克

爱因斯坦

辐射定律和光电效应是红外技术最基本的理论基础，红外线成为光与热最完美的结合。

科学家推动了红外技术的发展。1826 年德国物理学家塞贝克发现了温差电效应，1830 年诺比利制成了一种以半金属铋和锑为温差电偶的热敏探测器。1873 年英国物理学家史密斯发现了硒的光电导效应，1917 年凯斯利用光电子发射效应制成了硫化铊光电导探测器。 从温差电效应到光电导效应，是红外技术发展的一次飞跃，体现了光与热对于红外技术的奉献。1911 年美国 TI 公司研制出世界上第一台红外扫描侦察系统，二战中美军与德军开始使用红外夜视装备，二战后随着红外制导技术的发展，红外技术在军事领域的应用日益受到广泛重视。1949 年新中国成立时，我国的红外技术几乎还是空白，1951 年留美半导体学家汤定元冲破重重阻力回到祖国，开启了我国红外技术发展的步伐，把光与热洒向了他所珍爱的红外事业。

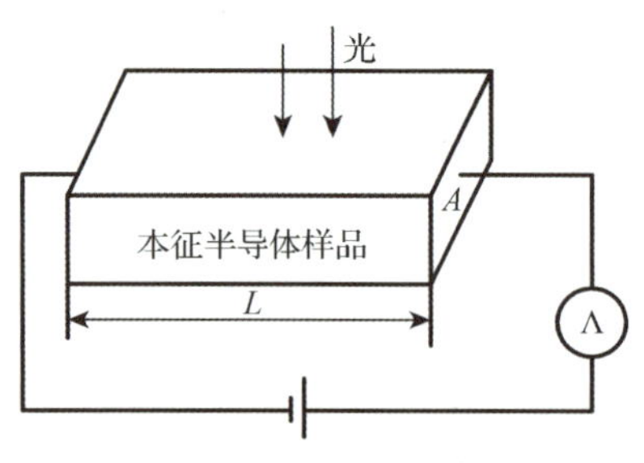

史密斯发现了光电导效应

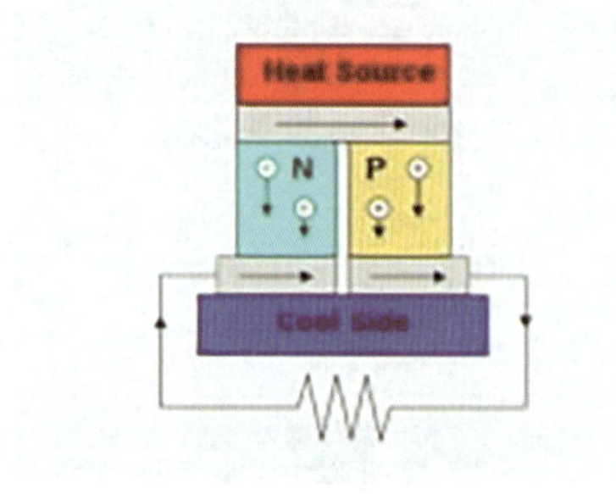

塞贝克发现了温差电效应

汤定元准备回国

提倡“三敢三严”作风，小所扛起红外大旗。1958 年上海技物所成立，建所初期只是一个 46 人的小所，主持工作的复旦大学物理学家谢希德，针对新所、新人、新学科的特点，大力提倡“敢想、敢说、敢干”和“严肃、严格、严密”的“三敢三严”作风，上海技物所在固体物理学科取得了多项重要成果，与复旦大学合作研制成功我国第一个锗固体电路。1962 年，根据科研机构调整需要，原上海电子所红外线技术研究室匡定波等 12 人来到上海技物所，开展红外技术研究。1964 年，根据中国科学院科研布局调整的需要，中国科学院半导体所汤定元等 11 人来到上海技物所，开展红外物理与器件的研究。在汤定元、匡定波的带领下，上海技物所全面转向红外物理与红外技术的研究，并响亮地提出“扛红外大旗”的努力方向。1968 年汤定元就预见到碲镉汞探测器在今后红外技术发展中的重要性，率先部署，开展碲镉汞材料制备、器件研制和物理研究；匡定波在我国刚开始酝酿研制气象卫星遥感仪器时，就部署了辐射制冷器等相关研制工作，并提出研制大气探测红外分光计的设想。1970 年在我国发射的第一颗人造地球卫星东方红一号上，装载了上海技物所研制的“红外敏感光学探头”。1974 年上海技物所开始承担我国风云一号气象卫星遥感仪器的研制，标志着上海技物所迈上红外航天遥感技术发展的征程。新中国百废待兴，经受战乱之苦的新中国第一代科技人，以强烈的爱国情，为新中国科技大厦的建立打下了第一根桩。在谢希德、汤定元、匡定波等科学家的引领下，上海技物所在建所初期，通过任务带学科，奠定了红外事业发展的基础，把光与热聚焦在了国家需求上。

谢希德和汤定元（左）

匡定波（右）在西昌卫星发射基地

发扬“实干见物”传统，以遥感技术为龙头实现红外技术全方位发展。1978 年“科学的春天”到来了，我国空间技术和遥感技术的发展受到党和国家的重视，对红外科学技术的发展有了新的迫切需求。上海技物所以“必须抓好红外探测器以及红外技术中的专用部件的研制，同时开展重要的和高水平的应用研究”为发展战略，在红外航空遥感技术、红外航天遥感技术、军用红外技术等领域取得了多项重要成果。薛永琪等科学家在当时非常简陋的条件下艰苦创业，从1973年完成我国首次航空遥感观测试验——大兴安岭森林探火试验，到1998年研制成功实用型模块化成像光谱仪（OMIS），在航空遥感领域取得了一系列成果，标志着我国航空遥感仪器已步入国际先进行列。龚惠兴等科学家在我国科技水平还相当落后的情况下发奋图强，于1977年研制成功相当于美国60年代末水平的扫描速率为48转/分可见、红外双通道扫描辐射计，1986年完成了增加两个海洋探测通道的360转/分扫描辐射计的设计，1988年我国第一颗风云一号极轨气象卫星发射成功，甚高分辨率扫描辐射计获取的全球云图资料完全可以与美国正在业务运行的第三代业务气象卫星TIROS-N的AVHRR图像媲美。1983年静止轨道气象卫星多通道扫描辐射计研制工作在困难条件下开始起步，研制过程充满曲折和艰辛，1997年风云二号A星发射成功，多通道扫描辐射计获取的可见、红外、水汽三个通道的高质量云图图像质量达到了国际先进水平，陈桂林等科学家为我国静止轨道光学遥感技术发展作出了重大贡献。方家熊等科学家为风云一号、风云二号任务的完成，解决了大片梳状减薄成形工艺技术、降低焦耳热和热阻的芯片组装工艺、高可靠管壳设计和封装工艺、高性能高稳定单片双元成形工艺等难题，攻克了核心关键技术——碲镉汞探测器的研制工作。红外物理基础研究是推动红外核心技术发展的关键，1982年红外物理研究室成立时条件相当简陋，但发展迅速，1985年被批准为中国科学院首批开放实验室之一，1989年进入国家重点实验室序列，1995年被美国《科学》杂志列为中国最具影响力的11个前沿实验室之一，沈学础、褚君浩等科学家为推动基础研究发展作出了重要贡献。我国的科技事业迎来了新的春天，新中国成长起来的一代科技人，以强烈的使命感，担负起科教兴国的重任。在龚惠兴、沈学础、薛永祺、

龚惠兴

沈学础（左）

薛永祺

陈桂林

方家熊（右）

褚君浩（右）

陈桂林、方家熊、褚君浩等科学家的带领下，上海技物所以国家需求为己任，建立起在空间红外光电遥感领域的优势，把光与热化作了追赶国际先进水平的不竭动力。

传承“求实、创新、合作、守信”所风精神，不断拓展空间红外遥感领域应用。1998 年上海技物所首批进入中国科学院“知识创新工程”，迎来了快速发展期，上海技物所坚持“以国家重大项目为牵引，以高新技术创新为主导”的发展方针，不断开拓在空间红外遥感领域的应用，在老一辈科学家精神的激励下，新一代科学家群体正逐步成为科研主力军。载人航天工程为我所锻炼了一批年轻科学家，在 2001 年神舟二号、2002 年神舟三号、2002 年神舟四号任务以及 2011 年天宫一号任务中，年轻科学家已成为攻坚克难的骨干。特别是神舟三号飞船被称为“技物所船”，装载了上海技物所研制的中分辨率成像光谱仪、卷云探测仪、地球辐射收支仪以及空间蛋白质结晶装置、空间细胞生物反应器等仪器，天宫一号装载了上海技物所研制的红外相机以及与长光所合作研制的高光谱成像仪，上海技物所出色地完成了任务，受到高度赞誉。风云三号是一支以老带新的团队，2000 年立项后，年轻科学家勇挑重担，风云三号 A 星、B 星、C 星分别于 2008 年、2010 年、2013 年发射入轨，由上海技物所研制的可见光红外扫描辐射计、中分辨率光谱成像仪、红外分光计、地球辐射探测仪为我国极轨气象探测定量化应用作出重要贡献。主动光电遥感团队是一支年轻的队伍，技术骨干都为年轻科学家，充满创新活力，承担了探月工程任务，2007 年嫦娥一号激光高度计，2010 年嫦娥二号激光高度计，2013 年嫦娥三号激光三维成像敏感器、激光测距敏感器、红外成像光谱仪，均发射成功并取得应用成功，使得我国主动光电技术走在世界前列。成长于改革开放的一代科技人，面对市场经济的大潮，义无反顾地选择了献身科技事业，把理想与祖国的命运紧密相连。我所新一代科学家群体的成长，得益于老一辈科学家的传帮带，得益于研究所团队文化的传承，得益于经受了光与热的洗礼。

风云三号团队

嫦娥工程团队

神舟二号团队

天宫一号团队

“红外成就芯天地，创新支撑强国梦”体现了技物所人的新时代风貌。以核心关键技术自主可控，推动空间红外遥感技术从跟跑与并跑跨向领跑。2014 年，中国科学院实施“率先行动”计划，上海技物所坚持需求牵引和目标导向，聚焦空间光电领域的国家重大需求，全面推进改革创新，全力打造覆盖“基础前沿—

核心组部件—系统集成”全创新链价值体系，重大成果产出出现“井喷”。王建宇带领年轻的上海技物所主动光电团队，牵头研制“墨子号”量子科学实验卫星量子密钥通信机、量子纠缠发射机两个主载荷，同时参与研制另两个重要载荷量子纠缠源与量子实验控制与处理机，2016 年载荷发射后在轨表现性能优良，2017 年量子科学实验卫星圆满完成三大既定科学目标，上海技物所团队为我国在国际上首次实现千公里级量子通信实验作出了重要贡献。由丁雷等科学家参加的上海技物所风云四号团队，承担了多通道扫描辐射计和大气垂直探测仪的研制工作，风云四号 A 星于 2016 年发射成功，2017 年交付使用，2018 年正式投入业务运行，干涉式大气垂直探测仪为国际上首次在静止轨道气象卫星上应用，上海技物所研制的两台光学载荷为我国静止轨道气象卫星进入国际领先水平，作出了重要贡献。由孙胜利等科学家组成的时敏红外探测团队，承担了天基红外相机的研制任务，攻克了大规模红外探测器组件、大口径光学系统、高精度扫描机构、大冷量机械制冷机、高精密光机结构、低噪声电子学等关键技术，实现了红外相机全部关键技术自主可控，填补了我国战略领域的重大空白，为空间红外遥感技术跨越发展作出重要贡献。由何力等科学家组成的材料与器件团队，承担了碲镉汞红外焦平面探测器的研制工作，在碲锌镉衬底生长技术、碲镉汞外延技

王建宇

何力（左）

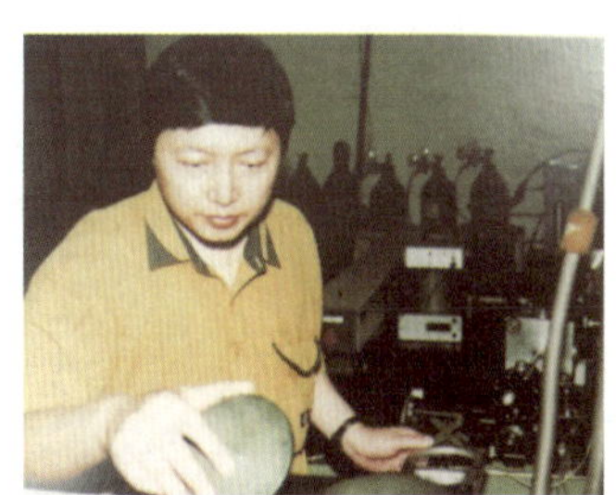
陆卫

丁雷

孙胜利

术、芯片制造技术和焦平面读出电路技术均取得突破，所研制的红外长波线列、中/短波线列和中/短波面阵、超大规模短波面阵等红外焦平面探测器模块已应用于航天型号项目，为我国核心关键技术自主可控作出了重要贡献。陆卫等基础研究团队继承老一辈科学家的优良传统，在红外物理国家重点实验室评估中，继续保持优秀（A类），成为科技部信息领域唯一一个连续七次获评优秀的国家重点实验室，反映了上海技物所在红外基础研究前沿、前瞻布局中始终处于前列。在百年未有之大变局加速到来之际，科技创新更是成为关键变量，新时代的科技人要牢记科技强国使命，为中华民族伟大复兴贡献力量。以王建宇、何力、陆卫、丁雷、孙胜利等科学家团队为代表的上海技物所科学家团队，正以科学报国、追求真理、勇攀高峰、勇于创新、严谨求实的新时代科学家精神为指引，夯实在空间红外遥感领域不可替代的地位，把光与热奉献给祖国的红外事业。

光与热是自然现象，光与热也是研究对象；光与热孕育了现代科学，光与热也支撑了红外学科的发展；光与热象征了科学家的无私奉献，光与热更是体现了科学家精神的伟大。在新时代的科技创新征程中，光与热继续着她的奉献。

2022年10月

目录 CONTENTS

第一篇章 从头越

第二篇章 巨澜汇

第三篇章

辉煌就

第四篇章

砥砺行

第一篇章

从头越

自 1800 年赫歇尔（Herschel）首次发现红外线，到 1945 年硫化铅探测器在英国海军实验室投入生产，再到 1957 年世界首颗人造地球卫星升空以及铅盐红外光导探测器成功用于导弹导引头，现代红外技术的发展史正式开启。

1958 年，上海技物所创建；至 1978 年的 20 年中，在高瞻远瞩的顶层规划框架下，研究所迅速确定了研发方向，并在红外领域顺利完成了从仿制、研制到自主创新的改革。合抱之木，生于毫末。谢希德、汤定元、匡定波三位先生身先士卒、甘为人梯，技物人百折不挠、力争上游，全所上下锐意进取，从头越过红外技术发展的雄关漫道。

一九七八届研究生毕业
一九八二年

仁爱 忠贞 报国志

——记谢希德院士

谢希德，著名物理学家。1921 年 3 月生于福建省泉州市，1951 年获麻省理工学院博士学位。1980 年当选为中国科学院学部委员（院士）。谢希德主要从事半导体物理和表面物理的理论研究，是中国这两方面科学研究的主要倡导者和组织者之一。1958 年至 1966 年，谢希德兼任上海技物所副所长，主持该所的创建工作，她为上海技物所的诞生和发展作出了重要贡献。

谢希德爱党、爱国、爱科学和教育事业，她报国为民的赤子情怀，不计个人名利、谦虚踏实、求真务实的品格，与人为善、平易近人、关心同事、关爱学生、热心提携后学的美德，一直影响着每一代上海技物所人，成为上海技物所所风的重要部分。

艰辛筹谋为开辟，倾心尽力促发展

1958 年，为了推进半导体、原子能等新兴科学技术在上海的发展，上海市委决定建立一批相关学科的研究所，由复旦大学和中国科学院上海分院联合创办上海技术物理研究所，谢希德受命兼任副所长，主持筹建工作。

在当时国家还处于“一穷二白”的状况下，上海技物所的筹建工作千头万绪。要在较短时间内创建一个新的科研单位，面临着人、地、物、事等从无到有的挑战和有限资源内拔地而起的压力，包括选配领导班子和管理干部、招募研究人员、建大楼和实验室、买试验设备和材料、确定研究方向等。这样艰巨的任务

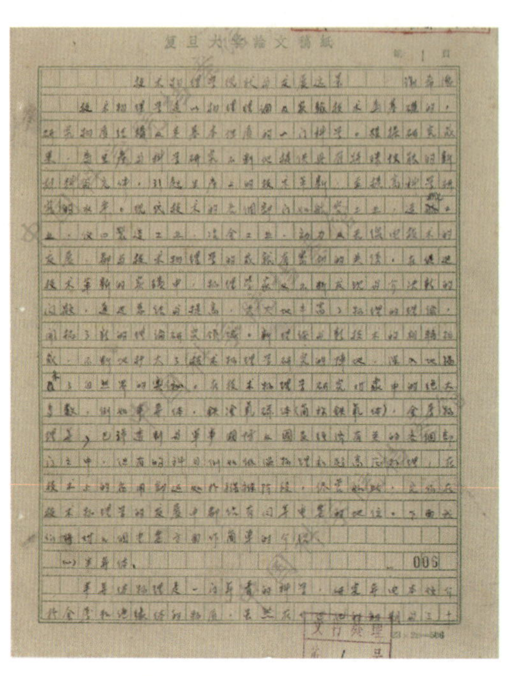

1958 年，谢希德先生关于《技术物理学现状与发展远景》手写稿

落在了谢希德身上：此前，她为培养半导体人才，和北京大学物理系教授黄昆一同在北京主持开办半导体专门化培训班，那时她的儿子才两岁多，母子已两年没有团聚了。

“谢希德同志政治素质好，个人得失考虑少，人也很谦虚，群众基础好”，这是上级对谢希德的信任。谢希德不高调空谈，纯然地依照着心中的信念和规划，雷厉风行。在她的带领和个人魅力影响下，筹建工作迅速开展了起来。

谢希德明白科研人才培养和队伍建设对研究所的重要意义，上海技物所也将培养人才作为主要工作来进行。筹建初，第一批进所的研究人员有 3 名复旦物理系本科应届毕业生，20 名三、四年级提前毕业的本科生和 41 名上海技术物理学校毕业生。考虑到这 64 名不同类型的毕业生都是刚出校门的年轻人，课程基础和科研能力都不一样，谢希德先生大力提倡“边干边学”，打基础、搞尖端、出成果、出人才，支持和安排科研人员一边在所工作，一边在复旦大学听课。在谢希德的主导下，研究所依托复旦大学物理系的优良教学条件，采取“边干边学”的培养方法，安排他们进行在职补修或进修物理系本科专业课程，以提高基础物理和专业物理水平。比如，对提前毕业参加研究工作的大学三、四年级学生和技术物理学校的优秀毕业生，要求他们修完大学本科课程；谢希德选定重点培养的本科毕业生，须按照培养在职研究生的办法，修完由谢希德和其他老师主讲的研究生课程，并在他们的具体指导下开展研究工作。同时，研究所的教师可以暂时依托复旦物理系半导体教研组开展帮带工作，充分发挥物理系骨干教师的帮带作用。为了让年轻的科技人员了解最新的国际研究进展，谢希德讲授最新的半导体领域实验结果和理论；为了提高青年科研人员的英语水平和阅读国外科技文献的能力，她请来外语系教授授课；她凭借自己的影响力邀请国内知名科学家对口指导一些优秀青年科技人员，定期讲学、指导工作；她还多方寻找渠道，选送青年人到中国科学院物理所、电子所等当时研究水平比较高的单位进修。在谢希德倾注巨大心血培育成长的科研骨干队伍中，日后成为成绩斐然的科技精英者不乏其人。

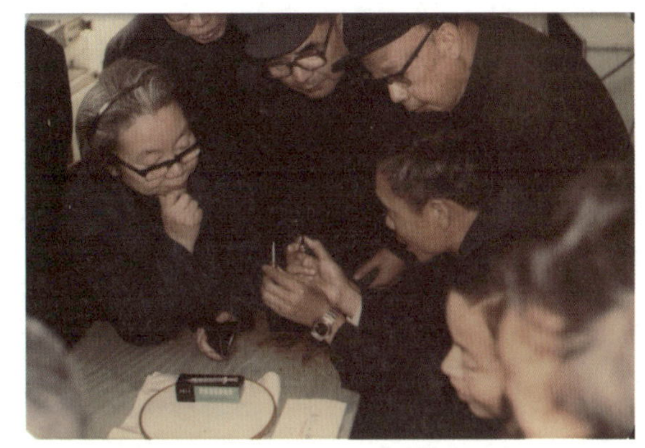
1983 年秋，谢希德先生来所指导科研工作

除了重视对年轻研究人员的专业知识技术培养，谢希德还十分注重研究所的学风建设和青年研究人员的思想品德修养，不仅热情鼓励和支持年轻人解放思想，敢于向尖端科技领域冲击，而且还为大家上基础课，讲授科研方法和治学经验。上海技物所针对建所初期新人、新所、新学科的特点，更是大力提倡“敢想、敢说、敢干”和“严肃、严格、严密”的“三敢、三严”作风。身教胜于言传，在谢希德的积极倡导、精心培育和她本人模范行为的潜移默化影响下，全所不畏艰难、艰苦奋斗，“边干边学”蔚然成风，为所风建设打下了良好基础，直至今日仍在感染着很多研究员的为师之道。

谢希德深知在客观条件受限较多的情况下，谋划发展规划、确定研究方向十分重要。她领导和主持制定了研究所的第一个创建规划，确定以半导体为重点科研方向，同时在有关科技领域布点进行学科建设，并精心组织实施和落实；在半导体材料、器件和物理、磁学、低温技术、超高压技术等领域，逐步建立实验室和课题组，开展科研工作。经过一段时间的努力，上海技物所的筹建和科研取得了良好进展，喜讯频传。上海技物所和复旦大学共同完成了多个达到国内先进水平的项目，产生了多个“第一次”，包括上海首次研制成功锗水平区域提纯炉和直拉单晶炉；上海第一锭锗单晶成功制备；上海第一只晶体三极管π401 晶体管试制成功；国内首次研制成功锯

1983 年 11 月 17 日，谢希德先生一行对上海技物所开展评议工作

齿波发生器和多谐振荡器两种固体电路，等等。

1961 年上海技物所独立建制后，谢希德不再主持研究所的工作，但仍然兼任副所长至 1966 年，一如既往为所的建设发展倾心尽力；卸任副所长之职后，她仍然持续关怀着研究所及中青年学者的成长。

以其昭昭，使人昭昭

谢希德热爱科学和教育事业，不计个人名利。在 1977 年“文化大革命”结束后，她来不及洗涤政治迫害造成的心理创伤、治疗癌细胞长期侵蚀造成的身体伤害，便至上海技物所介绍相关科学技术的最新发展情况和将来可能开展的研究领域。谢先生的报告内容丰富，包含最新的国内、国际研究进展，在演讲时充满激情，许多人听完报告后豁然开朗，涌起了奋起直追的雄心和充足的干劲。

谢希德十分注重科研学风建设，强调治学做事求真务实，她以自己的实际行动给身边的研究人员树立典范。她始终强调实验结果的可重复性和规律性，要求学生对所得结果要确认再确认；对递交的科技论文，她必定一字一句地斟酌修改。曾有一位年轻科研人员在论文中用了“首创性”一词来描述所研究的项目，谢希德画出了这个词，批注提醒学生切不可如此自己下评论，而应由他人来评说。虽然她指导了很多成果和论文，对结果仔细分析，对论文仔细修改，但她很多时候都不出现在论文作者中。

谢希德为提高年轻科研人员的知识水平倾注心血。曾有七八位原来从事电子学课题研究的青年科研人员，由于繁忙工作和流行思潮影响，对基础课程不甚重视。她知道这一情况后，在天寒地冻的寒假时段，亲自为他们集中强化，短短七天内指导完成了半导体物理课程。每次讲完课后，谢希德都拖着瘦小疲惫的身躯，以儿时疾病留下的微跛脚步艰难徐缓地走下楼梯，令听课的人热泪盈眶。

1995 年，谢希德先生来所视察工作

谢希德曾担任红外物理国家重点实验室的学术委员会委员，即使已担任中共中央委员、上海市政协主席、复旦大学校长等要职，也从不因工作繁忙而缺席每年度的学术委员会会议。她对红外物理国家重点实验室有深厚的感情，许多科研人员都得到过她的指导和帮助。

谢希德虽工作极其繁忙，但一点没有架子，关心同事和学生，体贴入微。研究所曾选派科研人员赴北京电子所进修学习，当时赴京的火车除了少量从上海发车直达北京外，多数需要在南京下车摆渡到浦口，转车至天津后再次转车才到达北京。当谢希德得知他们是用后一种耗时较长的交通安排时，她几次自我检讨没有仔细过问此事。对于初出茅庐的年轻人，她爱护有加，从修改论文格式到为其写推荐信等，总是倾其所能。20 世纪 80 年代，谢希德常常为即将出国深造的学者和学生写推荐信，每次都是亲力亲为，写出每一位年轻人身上不同的学术优势和闪光点。

对于谢希德，“一日为师，终身铭记”，很多仅有一面之交的科研人员都常会发出这样的敬爱之情。值得一提的是，在 1962 年的华东地区科研机构调整中，1958 年创建的一批研究所大多被调整和撤销，而上海技物所则是被保留下来并继续发展的少数研究所之一。1964 年，全所科研方向调整为红外技术和物理，成为国家的专业红外研究机构。谢希德主持创建研究所形成的科研基础，包括学科建设、实验室建设和科研队伍建设等，在红外研究中发挥了重要科技支撑作用。科研方向调整时，谢希德和所领导为了支持上海半导体的发展，把一批半导体器件方面的科研骨干成建制地调整到上海元件五厂，为上海半导体工业的发展作出了重要贡献。

上海技物所如今已发展成为我国红外物理与光电技术的主要科研单位，取得了一系列重大成果，特别是在我国航天科技事业发展中发挥了重大力量，对解决有关重大科技问题起了不可取代的作用。饮水不忘“挖井人”，追昔抚今，我们更加深切地缅怀谢希德先生。

荣誉 使命 科学梦

——记汤定元院士

汤定元，物理学家，上海技物所研究员。1920 年 5 月生于江苏金坛，1942 年毕业于重庆中央大学物理系。1950 年获美国芝加哥大学物理系硕士学位，1991 年当选为中国科学院学部委员（院士）。汤定元是我国半导体学科创始人之一，我国红外学科的奠基者，为发展我国半导体光电子学特别是红外光电子科学技术作出了突出贡献。他研究发现了金属铈的高压相变起源于原子半径的突然收缩；首创了国际上高压物理研究的重要仪器——金刚石高压容器；开创了我国窄禁带半导体分支学科，带领科研团队对碲镉汞晶体的材料、器件和物理性能进行了系统研究，并成功地应用于我国空间遥感和军事探测等先进装备中。

“我觉得我们做科学的人，不但应当做基础研究，更应当做应用研究，甚至生产，都应当涉足。科学上取得成就，最重要的是对它的热爱，以及长期的坚忍不拔的探索精神，勤于观察和搜集材料的精神。”

1950 年，汤定元在芝加哥大学实验室里钻研晶体结构

“为祖国作贡献”

汤定元于 1938～1942 年在重庆中央大学物理系学习，后任助教；

1948 年 3 月留学美国，先后在明尼苏达大学、芝加哥大学学习，于 1950 年获得芝加哥大学物理系硕士学位。

汤定元在芝加哥大学劳森教授负责的高压物理实验室从事高压相变物理研究期间，研究发现了高压下金属铈的化学键改变，此发现被收录在诺贝尔奖获得者鲍林的名著《化学键的本质》之中。此后一年，汤定元发明了金刚石高压容器，并将其用于高压物理研究，成为高压物理研究史上的一项重要进展。除上述两项颇有影响的成果之外，他还热衷于探索性的工作，包括金属铯的高压相变、溴化银的蠕变研究、高压下的硅性质研究。在高压物理实验室的两年多时间内，汤定元展现出了良好的科学素养，勇于创新、善于实践，已成为导师劳森教授十分中意的助手。

1949 年新中国成立后，汤定元通过报纸了解到，中国人民在中国共产党的领导下正在团结一致地建设着社会主义，这位默默关注着祖国发展的海外游子不由得心潮澎湃，下定决心要争取早日拿到博士学位，尽快返回祖国参加新中国的建设。1950 年初，麦卡锡主义在美国抬头，美国联邦调查局妄加干涉中国科学工作者协会北美分会的活动；1950 年 10 月，中国人民志愿军抗美援朝出国作战。种种复杂的局势再次燃起了汤定元报效祖国的心。经过两个多月的反复斟酌，他决定放弃博士学位，趁前往中国的航船依然通航之时及早回国。

汤定元虽订好了 1951 年 5 月 10 日离开旧金山的轮船票，但因他是 1948 年 3 月底入美，仍应在当年 3 月底去移民局办理签证延期。在移民局里，汤定元和移民局的官员一番唇枪舌剑，他坚持回国的信念冲击了移民局官员的傲慢心态，随即被要求“departed before 10，May”。“departed”一词多少含有一点强制出境的意味。当时，汤定元也顾不上这些了，认为自己也不会再来美国；果真，归国后的他再也未到过美国。而移民局给他的那张打字的调查表，连同他那张硕士证书也早就被汤定元自己销毁了。道别时，汤定元的老师同学都劝他不要离开美国，导师劳森希望这位在短暂时间里已经在固体物理研究领域作出了卓越贡献的中国学生再仔细考虑，有什么困难他都可以帮忙解决。但汤定元回到祖国的意愿急切而坚定，一心要为振兴中华奉献自己绵薄之力。劳森对此充满了遗憾和依依不舍，对汤定元说：“你回去后做了研究工作，可以把论文寄来，我们还可以给你博士学位。”以后的岁月里，每当被问及为何 1951 年舍弃美国这么好的科研条件而坚决回国时，汤定元自始至终一个回答：“为祖国作贡献。”

贡献毕生精力，创新红外科技

1951 年 6 月回国后，汤定元根据留学美国时的科研经验，判断半导体方面的研究将大有可为，于是将半导体光学和光电现象作为研究方向。他先在中国科学院应用物理研究所（后更名为物理研究所）工作，其间领导的项目组在国内最早开展了硫化铅红外探测器的研究工作，这是我国红外技术领域早期的、具有开创意义的工作。

汤定元具有高超的科学素养，善于把握事物的发展方向，对于认定的事情特别执着。他主张科学研究要基于国家实际，要面向国家的现实需求；认为中国科学院不仅要做机制研究，也要承担产品的试制甚至生产任务。1958 年上半年，他写了一封信给时任国防科委主任聂荣臻元帅，信中强调红外技术对于国防建设的重要性，建议在红外研究领域注重红外探测器等器件研究。这是促使我国重视红外技术的“第一封信”，这封信受到了解放军领导的重视，红外技术的研究任务从此被正式提出来。

随后，他从杂志上了解到了一些曾被美国封锁的红外科技成果，发现红外技术在当时的美国已经发展得相当成熟；而国内正处于经济困难时期，大部分研究工作停滞。他对这种情况十分忧虑，以高度的责任感在 1960 年 12 月再次致信聂荣臻元帅，这是涉及红外技术的“第二封信”。信中写道：红外技术研究是大有发展前途的，不能让它中断，但也不能搞“一窝蜂”，要聚散为整，集中全国的科研力量进行攻关。不久，聂荣臻元帅就派人找汤定元谈话、解决困难。这封信的意义还在于它间接促成了 1964 年年初发生的，被认为是我国红外技术发展史上重要里程碑的战略性调整事件，即中国科学院决定将昆明物理研究所及上海技物所转向为红外技术研究专业所，同时将北京物理研究所和半导体研究所红外方面的工作分别调整到这两个所中。

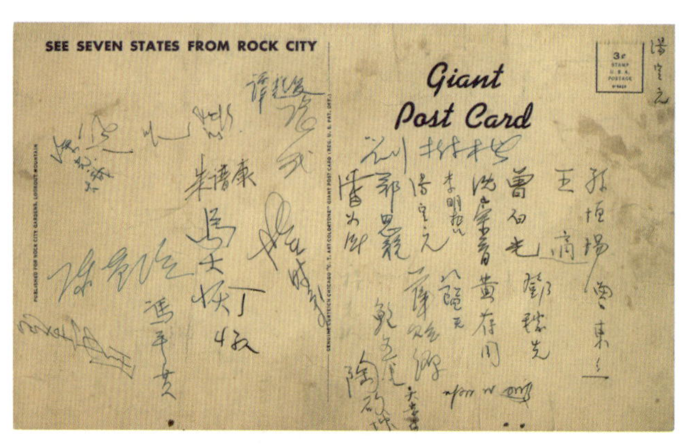

1951 年，汤定元在美留学同学在其归国前签名明信卡

1965 年，汤定元写

了“第三封信”给聂荣臻元帅，信中他希望上海技物所能承担我国空军在当年4月9日于南海上空打下的一架美军F-4B“鬼怪”式战斗机同类型红外雷达的研制任务，表明了对红外研究的信心与决心。这封信又一次得到了上级的支持与鼓励，在5月28日召开的会议上，聂荣臻元帅把红外雷达的研制任务分配给上海技物所。汤定元亲自参加了机载红外搜索跟踪系统的分析、测试工作。

汤定元的毕生事业围绕着发展红外科技，在上海技物所奉献了生命的大部分时光。按照中国科学院党组安排，他于1964年5月离开北京到达上海，肩负着把上海技物所建设发展成为一个红外专业研究所的重任。在没有可用以支撑的理论依据的难题下，汤定元基于当时的国情、所情以及红外技术自身发展特点，提出“研制任务带动学科发展”的思路。同步提出了四点主张，即红外探测器是发展红外技术的关键；红外技术发展中的专用元器件和材料研究，要在研究所内自行研制；开展一些高要求、高水平的红外系统研究，以促进元部件性能的提高和实用化；应重视红外技术的基础研究工作。这一高瞻远瞩、科学合理的发展思路很快在实践中得到了印证与肯定。

1973年，诺贝尔物理学奖获得者杨振宁来研究所参观，参观后他说：“我相信你们的研究所一定能出成果。”80年代初，汤定元邀请一位美籍华人物理学家来研究所讲学，这位华人了解研究所的工作之后对汤定元说：“美国目前一些研究所也时兴你们这样的结构，按出成果的需要去组织全所的研究工作。”从此，“研制任务带动学科发展”的思路贯穿在上海技物所的发展历史中，也体现在我国红外技术的发展历程之中。

在汤定元80岁生日时，时任中国科学院院长路甬祥为他题词“贡献毕生精力，创新红外科技”，这是对我国半导体光电器件开拓者和红外技术开创者汤定元一生的真实写照。

培土育人，芝兰满室

汤定元两次获得“教育部全国优秀博士论文导师奖”，五次获得中国科学院“优秀研究生导师奖”。他培养了许多学生，其中有一位中国工程院院士，一位中国科学院院士，也是我国的第一位红外物理博士。在学生眼中，汤定元是“一代宗师”。汤定元教导学生将个人成长和事业成功同祖国发展紧密联系在一起。在

汤定元（左二）在实验室里与学生交流工作进展

他培养的一位博士即将赴德国进行博士后研究启程前，汤定元曾勉励他："此番德国之行，一是要多为自己的国家作出贡献；二是铭记出国的目的是更深入地做好研究方向的工作。"

汤定元在科学研究和培养年轻人成才的过程中主张格物致知、学以致用的理念；非常注重讨论和启发式教学；主张要为科学家的成长营造一个宽松的研究环境，不要急于求成，而要"养"一点科学家。他认为研究所要为年轻人的成长提供"土壤"，有了"土壤"还要有环境，这个环境要允许他失败，使一些即使经历过挫折与失败的人也有勇气继续奋进，从而形成一种自由探讨的浓厚的学术气氛。

汤定元不仅对自己所带的研究生悉心培养、精心指导，同时对遇到的年轻人的培养提高也不遗余力。汤定元来上海技物所工作时，相当多的研究工作者对红外技术不太了解，他便为大家讲授红外技术的物理基础课，每周一次，连续讲授了半年多。"文化大革命"期间，他为分配到研究所的大批工农兵大学生开设物理基础课程和半导体专业课程，并从中发现了一些可造之才。

建言献策，科普惠民

汤定元具有知识分子的风骨，他敢于直言，针砭时弊。1981 年，他在《九三上海社讯》上发表的文章指出了当时科技规划和科学管理中存在的系列问题。1982 年，他发表的《科学研究必须讲科学道德》指出，研究所要出成果和出人才需要有良好的组织管理，需要一套能防止或解决共事者之间的矛盾的行为规范，即所谓科学道德规范。1986 年，他给国家自然科学基金委员会的负责人写信指出基础研究的重要性，领导同志要真正了解科学与工农业生产的关系，了解基础研究的作用，把科研经费放在受适当重视的地位。

为了促进我国的红外技术尽快赶上世界先进水平，汤定元于 1998 年 10 月做了一次题为“我国红外技术发展的回顾”的特邀报告，指出因红外技术的特殊性，要处理好交流合作与保密之间的关系，必须有一个真正能了解和协调全国红外技术力量和能公正处理各种关系的领导中心，他希望国防科工委能担负起这一领导中心责任。1974 年，他还收集并编译出版了《红外技术在气象卫星中的应用》，是我国把气象卫星研制与红外技术联系在一起的第一人，为我国之后 50 多年的卫星载荷技术发展和布局奠定了基础。

汤定元在上海电视台演播厅作红外技术科普讲座

汤定元对科普工作也很积极。他认为把科学成就告诉普通老百姓是科学家应尽的责任。他发表的科普文章虽然数量不多，但影响却很大，如他的第一篇科普文章《天坛中几个建筑物的声学问题》，还有《近代物理学中的半导体》《半导体在生产技术中的应用》《红外光及其应用》等，文章广受读者注意。他还曾一人翻译苏联作家瓦维洛夫的科普著作《眼睛和太阳》。

淡泊名利，甘于奉献

汤定元为他热爱的科学事业呕心沥血，取得了诸多成就，也获得了诸多荣誉和奖励。对待荣誉和奖励，他只是觉得做了一直想做和应做的事情，成绩只是对前面工作的小结而已，不看重和受累于之。

2002 年 10 月，汤定元获得了香港何梁何利基金会的“科学与技术进步奖”和 20 万港元奖金，他立即把这笔钱如数捐赠给了他少年时的母校金坛华罗庚中学，并入华罗庚奖学金。汤定元生活朴素，家庭并不富裕，获奖时他的儿子正为买房准备贷款，但他没有把这笔奖金留给自己和家人。相比于自己的“小家”，他想到的却是最需要这笔钱的“大家”，即那些和他青少年时期一样，一心求知向上但家境贫寒的学生。能为中国优秀青少年的培养出点力，为国家各项事业发展所需要的人才洒水育苗，他觉得更重要。

汤定元（右三）与同事、学生合影

汤定元捐款的事后来也得到了家人的支持。捐款消息传播开来，大家无不为之感动，汤定元自己却很平静。事实上，这并不是他第一次为教育事业捐款，此前已多次为“希望工程”捐款，还曾为我国西部地区捐赠了一个“希望书库”。

一方面，汤定元对于科学研究、育人和科普充满了炽热的爱，乐于投入其中；另一方面，他对于名利光环淡泊处之。这正是汤先生一贯持之的勇于奉献、安于平凡的人生观之体现，是汤先生的大爱无限。

守正 致远 强国情

——记匡定波院士

匡定波，红外及遥感专家，上海技物所研究员。1930 年 9 月出生于江苏无锡，1952 年毕业于上海交通大学物理系。1991 年当选为中国科学院学部委员（院士）。匡定波在红外应用及遥感技术领域进行了系统性的开拓，负责研制航空红外扫描相机、卫星姿态测量红外地平仪、导弹弹道测量红外捕获跟踪系统等先进装备。他在国内开创并主持了航空对地观测红外和多光谱技术的研究，发展成具有国际先进水平的环境资源遥感扫描仪系列，成为中国航空遥感体系的重要组成部分；带领科研群体创建了中国卫星红外遥感较完整的技术基础；负责设计了多种卫星红外遥感仪器。

“我接受党交给的任何工作，而且弄明目的，模范地完成任务。努力学习业务，以自己的本行为我国科学文化事业赶上国际水平，贡献力量。一个人只能做有限的事情，能做些事情就做一些事情，一个人能干好一件事、两件事就不错了。”

初出茅庐，长风破浪

1948 年 9 月，匡定波考入上海私立大同大学；一年后考入上海交通大学物理系。1952 年，按国家需要，他提前一年毕业了。毕业后，匡定波被分配到华东师范大学当老师，在华师大度过了七年的教师生涯。

1958 年，匡定波被派到华师大与中国科学院合办的上海电子学研究所工作。

匡定波（右二）与同事合影

匡定波和同事们一边到北京电子所调研，一边学习，在不断实践中确定了上海电子学研究所的六个研究方向并据此设立了六个研究室，其中第五研究室研究红外技术——这是北京电子所也没有的研究方向。当时，匡定波等人毫无经验，很多技术没有怎么办？唯有从头学起。而课题又从哪里来？于是，年轻科研人员带着研究所的介绍信，一家家单位去跑。最后，摸到了一个来自铁道研究所的课题：我国铁路货车的轴承是用金属做成的，铁路运行时轴承若缺油，将会和车轱辘上的车轴摩擦导致发热，热量超过一定程度，车轴就会断掉；当时检查货运火车的轴瓦全靠停站时工人用手去摸，而法国已经采用红外探测的方式在火车行进中检查。这个课题开启了匡定波红外技术研究的大门。

1960 年 1 月，课题刚刚开始，匡定波又接到一项来自空军的紧急任务：为保障首都安全，必须研制出一种微波雷达以外的夜间探测飞机的技术，以防止对雷达具有强大干扰能力的敌机偷袭。1962 年，匡定波转入上海技物所工作，将该任务也带到了上海技物所。等匡定波着手研究时才发现，这其中原来有太多问题需要解决。于是，他带领小组同事去不同的研究所学习材料、器件的研制技术，以及进行红外光学、机械、电子学的研究；排除万难，自主设计方案。当时做的红外仪器，如果探测器能接收到 10 米外的一根燃烧烟头的信号，就能令研究人员非常有成就感，而这一点小小的进步背后凝聚了他们几百个日夜和心血。最终，他们研制出我国第一台运用红外技术的应用装备——代号为“503”的机载红外测向装置，而团队在匡定波的带领和指导下设计、研制成功航丁-41、航丁-42、航丁改进型红外扫描相机。正是匡定波所开发的这些对红外技术领域影响深远的原创型装备，使我国有能力在世界军事强国之林中争夺一席之地。

披荆斩棘，屡创佳绩

曾任中国科学院党组书记、副院长的张劲夫在《请历史记住他们——关于中国科学院与“两弹一星”的回忆》一文中写道：“新中国成立不久，中国的工业化正在开展，我们的国力不强，科研力量不强，条件很艰苦，是真正的白手起家，是真正的创业……靠的是一批从国外回来的有高度爱国心的科学家，又靠他们带出一批年轻的科学家，他们靠的是一种崇高的精神，一种为了祖国富强而献身的精神，他们是‘两弹一星’的真正功臣。”匡定波正是其中一员。

在酝酿建立我国人造卫星技术的初期，匡定波就参与了相关工作。在人造卫星上，红外地平仪以地球作为参考来测量卫星的姿态。太空中的温度比地球温度低很多，在空间所释放的红外波会和空间背景有所不同，这就要求红外地平仪的探头有更高的灵敏度，不然就无法检测出地球的信号。等到“东方红一号”发射升空后，红外探头真的扫出了预想中的信号！这让匡定波和同事们喜不自胜。

70 年代初，继红外地平探头成功搭载于我国第一颗人造卫星“东方红一号”之后，匡定波主持了我国第一代返回式人造卫星“尖兵一号”和电子侦察卫星“长空一号”用的红外地平仪光学探头的研制工作，自主解决了红外对地球大气圈探测的技术和可靠性问题。自此，这种用于三轴稳定卫星姿控系统的圆锥扫描红外地平仪探头技术就一直沿用了下来，研发团队后续又研发出多种型号的地平仪探头并毫无保留地将技术传授给了合作单位。

匡定波曾参与研制为天文卫星配套的星敏感器。当时课题组内没有人研究过星敏感器，而星的辐射强度究竟有多大，谁也没有底。匡定波想了一个很巧妙的办法：到淮海路旧货商店花 200 元买了一个从船上拆下来的高倍望远镜，将其改造成一个简易的星敏感器，然后在上海技物所里观察星星并获得它们产生的不同大小的信号。这一方法简洁、明了且高效。很快，总体方案、总体参数确定了下来，

匡定波在办公室工作

课题组顺利完成了星敏感器的初样研制。一个破旧的航海望远镜，一片让人无限遐想的浪漫星空，在匡定波的巧思之下，两者产生了微妙的关联，他以自己特有的方式，用简陋的独木桥搭成了通往银河遨游之路。

风云际会，兼程而进

1969 年 1 月下旬，一次强寒潮袭击我国，全国不少地方道路瘫痪、交通中断。周恩来同志两次召集中央气象局、邮电部、铁道部等同志研究这一问题，提出“我们也要搞自己的气象卫星”。

1972 年，气象卫星开始预研，匡定波承担了我国第一代太阳同步气象卫星上红外扫描辐射计的研制任务并担任主任设计师。1977 年 11 月，风云一号卫星的技术状态已经确定时，美国预告新发射的气象卫星信号全部从模拟制式改成数字制式，且数据精度提高了 64 倍。面对“风云突变”，中国该怎样应对？负责扫描辐射计系统研制的匡定波和同事们商量后立刻主动请缨：我们要修改技术指标！匡定波在与相关研究室的同事商议时，几乎没有人敢满口应承，却都愿意自我加压。于是，跨台阶的第一次修改方案迅速发布：自主研究相关的核心技术，追赶气象卫星探测技术的发展，采用辐射制冷器和碲镉汞红外探测器，地面分辨率 4 公里、120 转 / 分，按 APT 格式传输云图。1982 年 10 月，在风云一号发射计划推迟后，匡定波和团队第二次主动提出再上台阶的修改方案：将 120 转 / 分改为 360 转 / 分，地面分辨率达到 1.1 公里，使我国第一颗气象卫星装载上自主研制甚高分辨率的扫描辐射计。1984 年，国家再次推迟了风云 号发射计划，从 1985 年推迟至 1988 年。匡定波团队决定抓住再上一个台阶的机会，主动提出第三次方案修改：将风云一号扫描辐射计由三通道提高到五通道，

1988 年，迎接风云一号卫星发射任务凯旋试验队员

并且开拓应用到我国海洋遥感观测。经过不断摸索和反复实验，匡定波带领课题组探清了气象卫星红外应用之路，16 年的呕心沥血，不负众望。

1988 年 9 月 7 日，我国第一颗气象卫星风云一号在太原发射场成功上天。当风云一号通过我国首个自主研制的红外扫描辐射计顺利获取到清晰图像时，匡定波神情淡定，从容自若中流露着喜悦。

1990 年 9 月 3 日，匡定波参加风云一号气象卫星 B 星发射

回首“风云”岁月，匡定波始终强调团结合作、厚积薄发的重要性，正如他所说：“机会的出现有偶然性，但抓住机会的能力却需要长期而系统的培养与积累。一个红外探测系统从材料、器件、制冷器到系统集成，需要相关技术配套协同，需要团队成员的群策群力。只有各方面能力都增强了，才能在国家需要时，及时响应，应对挑战。”

别具慧眼，长算远略

科研上的熠熠光辉，并没有掩盖匡定波的领导才能。1986 年下半年，上海技物所明确实行所长负责制，时任所长匡定波把制定研究所的发展战略作为一件大事来抓，统筹全局做出决策：一是充分认识红外技术在军事和空间等领域的重要性和独特作用，发挥在红外技术方面已形成的综合优势，积极承担国家重大工程任务；二是大力开发红外技术产品，根据红外技术成果产品化以及结合行业进行开发的经验，形成拳头产品市场；三是组织精干力量从事红外物理基础和应用基础研究及高技术开拓，保持所的发展后劲；四是重视工艺技术，学会经营管理，稳步向科研、开发、经营一体化的目标过渡。

1987 年 3 月，匡定波连任所长。他集思广益、深思熟虑，提出了以“基础研究、国家重大工程任务、应用开发”三块结构发展模式为核心内容的总体改革发展和所长任期目标，在领导班子和中层干部中进行充分讨论，并在全所职工大会上报告。这三块结构发展模式加快了上海技物所的转型，使上海技物所在这一轮改革中实现了大变化、大发展、大提高：科研综合实力和经济实力迅速提高，自我发展的动力和活力显著增强，在激烈的竞争环境中和社会主义市场经济条件下，稳步发展成为特色鲜明的，自主、自立、自强的新型国家级研究所。

匡定波曾说："搞科研的人，一定要思维敏锐、坚持开拓，不能自满保守，要善于博采众家之长。我们的科研工作只有不断更新目标才能追赶世界水平。"在我国 863 计划酝酿期间，他就已参与相关工作。1987～1996 年，他担任 863 计划信息技术领域第一届专家委员会委员，信息领域信息获取与处理技术（308）主题第二届、第三届专家组组长。他从发展国家的战略性高技术的高度，分析了相关的国际科技发展动向和我国国情的需要，提出以"加强地球观测技术研究"为"308"主题的目标，组织组内专家共同论证了红外焦平面成像技术、遥感的高光谱分辨率成像技术、自适应光学技术、星载合成孔径雷达技术、高速信号处理技术、对地观测集成技术及应用示范的重大项目，促进了国内相关科研单位、高校开展研究。如今，我国的合成孔径雷达、红外焦平面器件已在轨应用；在地面应用上了采用自适应光学技术的望远镜；三维信息获取的概念与技术已用于探月工程；高分辨率的成像光谱技术获得国家重大专项；支持并投入业务应用把地球作为整体研究对象已成为世界的共识。这些，都折射出匡定波对我国信息战略性高技术构想的深谋远虑。1996 年，他被评为对国家 863 计划有重大贡献的先进工作者并荣获一等奖。

耕耘不辍，提携后人

匡定波是公认的良师益友。他耕耘不辍、提携后人，培育的一大批优秀科技人才已然成为我国科研战线的中坚力量；他积极倡议并推动开展"种子基金"项目，为各种岗位的职工们提供技术实践、工艺革新、管理创新的平台；他倡导和主持"学术沙龙"，促进跨学科交流、激发创新性思维，已经成为上海技物所活跃学术氛围的品牌活动。上海技物所的研究人员们平时都叫他"匡先生"，喜欢找他谈心；他博古通今，从自然科学到理想信念抑或是人生感悟，在他的娓娓道来下闪烁出真知灼见，使人获益匪浅。上海技物所的研究人员参加国家 863 计划的一颗卫星招投标项目，结果未中标。得知结果后，匡定波笑笑说："没有关系，东边不亮西边亮。"这番鼓励的话启发了有些气馁的研究人员，他们开始总结复盘并关注与此次投标有关的另一颗卫星的有效载荷的信息，通过各种渠道收集国内外资料，并做了详尽的理论分析准备。终于，研究团队在 1996 年获得了国家 863 计划的支持，并在 2001 年取得了这颗卫星有效载荷之一的预研任务，又在 2005 年落实了这颗卫星另一个有效载荷的研制任务。

匡定波一直叮嘱学生们，可以选择的方向很多，但不要随波逐流，要对准目标，努力地走下去。正值风云二号扫描辐射计起步，他语重心长地对学生说："人的一生也只能干一两件事情，风云二号算是一件大事。而能赶上做大事的机会不是人人都有的。"尽管当时的学生现已年过七旬，但这席话他们记了一辈子，因为在匡定波的鼓励下，他们瞄准目标，为国家做了一件大事。匡定波对年轻人的培养是不遗余力的，毫不夸张地说，他的言传身教带出了一大批骨干。中国科学院"一期""二期"创新工程虽在所里取得很大成绩，但匡定波发现在"一期""二期"创新项目中负责的都是一些"老面孔"。因此，他提议要支持一些有奇思异想的年轻人来申请创新项目。在他的建议下，"三期"创新管理做出了重大改进，为鼓励年轻人尽快成才，规定已担任室主任、主任设计师的同志不能申请。这个规定实施后，上海技物所培养出了一大批新人，也出了一批新成果。

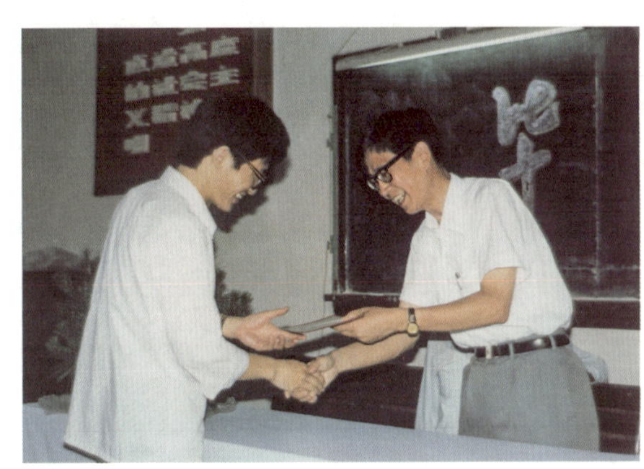

匡定波为毕业研究生颁发证书

昔日立志强国的少年，如今已是耄耋老人。90 多岁的匡定波依然浸身学术、孜孜以求，始终以科技战略家的眼光关注着自己的科研领域，关心着上海技物所的发展。他说，亲身经历了我国红外探测从无到有、从地面到天上的发展过程，能够为祖国的航天事业添砖加瓦，为国家做一两件事，是自己一辈子的荣幸。

仿制　研制　创新纪

——记“航丁”系列研制团队

上海技物所“航丁”系列研制团队于1965年至1982年成功研制了锗掺汞探测器，并不断提高该探测器的性能。1966年10月，研制的国产锗掺汞红外探测器成功应用在红外航空相机上，并试飞获得成功。1970年，研制成功20元线列器件，并提供航丁-42红外相机使用；该器件获1978年上海市重大科技成果奖，红外相机获1985年国防专用国家科技进步奖二等奖。1981年，成功研制100元红外线列探测器，该项目于1982年11月通过科技成果鉴定，并获1985年中国科学院科技进步奖二等奖。

20世纪60、70年代，创建不久的上海技物所如初升之朝阳，光焰万丈、奋发向上，渴望着为国家挑重担。研究人员们废寝忘食，不知何为疲倦、劳累：无人在意傍晚的下班铃孤零零地响着，研究所的夜晚灯光灿烂，辉映着研究人员们忙碌的身影。任何困难都难不倒、压不垮技物人。

难不住、打不败

1965年1月，我军在包头又打下了一架美国研制的U-2高空侦察机，在落地飞机残骸中发现了受损的红外相机和红外扫描仪，这两样美国红外高技术产品代表了当时国际最先进水平。有关部门喜出望外、如获至宝，决定首先分解与综合分析其中的技术，然后通过恢复产品加深研究，最后做到自主研制。方兴未艾的上海技物所受命研究其核心元件——锗掺汞探测器。

科学研究是艰苦的，有时甚至要付出生命的代价。在研制锗掺汞探测器过程中，由于探测器工作温度是 38 K（–235℃），研究初期测试阶段需要用液氢作为制冷剂。1965 年 4 月 9 日，发生了令人痛心的“四九”安全事故：液氢爆炸，连志超同志当场牺牲，洛阳来的一位同志身负重伤，复旦大学物理系黄心源同志在抢救过程中不幸坠楼身亡，整个研究所沉浸在巨大的悲哀之中。然而，牺牲的同志未竟的事业需要继续，科研任务绝不能停顿，当务之急是要在爆炸的废墟中找出只有半个小手指大小的锗掺汞红外元件。但爆炸发生后，实验室内满地碎片，一直洒落到 200 米以外，搜索难如大海捞针。忍着失去同事的悲痛，秉着完成任务的决心，参加课题的同志们用手指挖、用筛子筛，不放过任何蛛丝马迹；日旰忘食，夜分不寝，时间在焦急中流淌。遍寻无着之际，大家苦思冥想，猜测这个元件十有八九还在杜瓦瓶里，果不其然，终于找到了这个技物所人为之奉献、为之牺牲的元件。

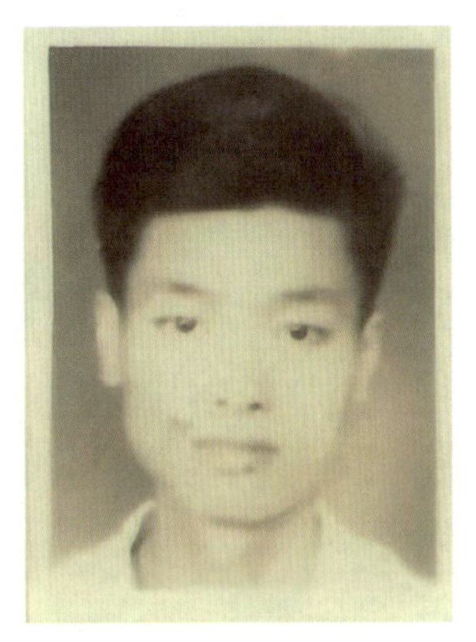

连志超烈士

突如其来的灾难是极大的考验，技物人同心同德、齐心协力，在激昂的集结号中迅速从各自的岗位聚集起来，元件的分析、恢复以及研制工作有条不紊地进行着。由于原来实验室的毁坏，主要实验挪到了 401 低温实验楼进行，这使得科研人员更加努力，也更加谨慎，相关的安全条例立刻制定并执行。到了 6 月，离事故发生仅仅两个月，上海技物所就交出了一份答卷，工作的初步成果让上级领导感到既惊讶又欣慰。

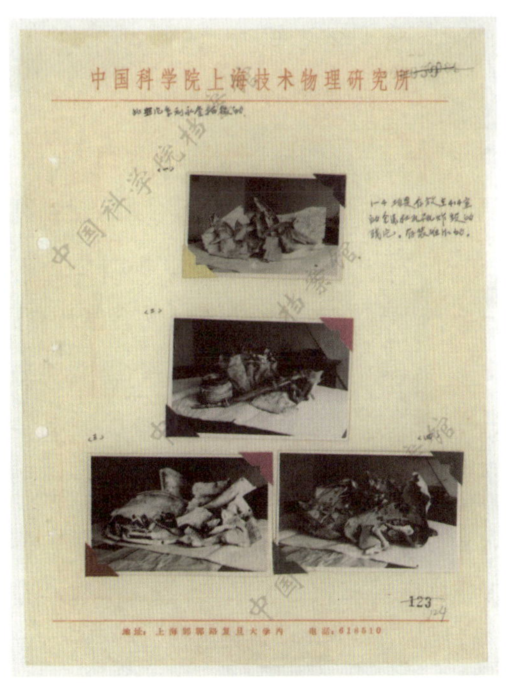

“四九”事件现场档案

经过“四九”事件的磨砺和火焠，上海技物所更坚不可摧、牢不可破。1965 年 11 月，我国研制“651”红外相机的整机任务也交给了上海技物所。其时正值“文化大革命”前夕，在有关上级部门和部队的关注下，上海技物所排除一切干扰，经常是白天“抓革命”晚上“促生产”，夜以继日，奋力拼搏。在全所有关室、组和工厂通力协作下，课题组完成了红外长波掺光子探测器研制，高分辨率反射式斯密脱光学会聚系统设计与研制，高精度扫描棱镜的设计、加工和校验技术低噪声高输入阻抗宽带前置放大器、电光转换器研制，30 K（–243℃）斯特林循环微型制冷机的研制等。1966 年底，课题组完成仿制样机一台，安装在飞机上进行空中试飞并取得了昼夜照片，但底片两侧存在一边曝光过强一边曝光过弱的所谓的“黑白”现象。在后续第二台、第三台整机调试过程中，为了弄清“黑白”现象的成因以取得较好的夜间图像，成员们经常通宵达旦攻关，从腔体辐射理论入手，找出问题所在和解决办法，取得了满意的结果。1968 年，上海技物所完成仿制相机三台，并由部队完成空中试飞。

压不垮、更奋起

1970 年 1 月，空司下达航丁 –41 红外航空相机的生产任务，由上海技物所、相机用户（部队）和五机部二二八厂组成“三结合”小组，在长春二二八厂进行相机的试生产。该年 3 月，上海技物所派出 6 名主要技术骨干奔赴长春。到了长春刚下火车，就碰到 60 年来未遇的特大风沙的袭击。风沙扑面而来，沙子从脸上沿颈而下直往衣服里钻。3 月的长春，白天气温也在零度以下，6 人顶着风沙艰难地到达招待所。没有人有怨言，反而为经历了当地人也难遇的特大风沙而感到稀奇。风沙中的能见度不足 5 米，2 小时后室外的沙土已经积到窗口，中午也无法去食堂用餐，6 人啃着火车上剩下的干粮充饥，到傍晚风沙减弱时就立即深入车间商讨生产事宜。那是一段艰苦岁月，6 人是作为来宾才可每周供应一顿细粮，就是在星期天的上午 10 点能吃上一顿白米饭（周日一天只吃两顿），配上一碟“佳肴”（木须肉）；平时主食是玉米发糕、高粱米饭和麸皮馒头，副食是大白菜和土豆，天天如

1982 年，团队成员获上海技物所先进职工留念

此。但6人想到的是尽快把相机生产出来以增强我军夜间侦察能力，一心扑在工作上，对厂方技术移交一丝不苟，对部队业务培训耐心细致。众人焚膏继晷，仅用8个月时间就完成了3台相机的生产任务，并交付部队试用，如期实现了红外相机的仿制生产和交付试用。在高空红外扫描相机的研制中，技物人感受到了一个科技人员应尽的责任——把增强我国的国防力量作为首要任务。

1972年，空军部队从实战要求出发，提出先研制低空大速度航空红外相机的意见，这个任务经上海市和中国科学院下达给上海技物所。航丁-41航空红外相机是高空相机，与之相比，低空大速度航空红外相机要求照相角速度提高20倍，这意味着技术难度更高，在设计理念和技术实施方面都要有突破。通过对“651”相机的恢复和仿制，技物人摸清了相机的扫描机理，总结了红外相机研制的详细技术资料；针对研制低空大速度航空红外相机，提出了多元串扫和并扫的理念。串行扫描用延时叠加的方法有效提高相机的接收灵敏度，适用于高空高分辨率扫描，并行扫描能提高相机的扫描角速度适用于低空侦察。当时未见国际有多元接收的报道，技物人经反复论证，确定相机采用20元串并扫描的研制方案，在提高照相角速度的同时，还把接收灵敏度提高了1.4倍。研究所二、四室，工厂以及全所相关部门共同努力，攻克了多元串音干扰、大视场光学接收、多元电子学处理和多元成像接收系统等技术难关，创新的液氮预冷氖气节流制冷系统，把相机连续工作时间从原来每次半小时提高到10小时。

1974年夏季，上海技物所研制成具有中国特色的低空红外扫描相机，同年10月在由伊尔-14小型运输机改装的试验机上进行低空相机的空中试飞试验，相关科研人员直接登机参加调试。由于伊尔-14小型运输机机身小，低空飞行所遇气流极大，飞机颠簸得很厉害，科研人员难以适应，呕吐不止，可众人一次又一次坚持下来。相机的试飞试验很成功，取得了很好的图像数据。低空大速度航空红外相机得到部队的认可后，部队就提出及早定型试生产几台供使用的要求。为此，1975年，上海技物所与上海照相机三厂组成“三结合”小组，制定了改进方案，于1976年底完成了两台相机，并试验成功，得到空军有关部门的肯定。1977年7月，空军把该产品正式命名为“低空大速度航丁-42航空红外相机”。

1986年，上海技物所按照海军部队需要，研制成功改进型低空大速度航空外相机，采用了先进的多元碲镉汞光子探测阵列，从而把探测器的工作温度提高

航丁 -42 红外侦察相机

到 77 K（-196℃）。在相机设置的照片上，还增加了实时飞行高度、飞行时间和经纬度等字符，并配上多元扫描的实时监视器。

从残骸相机到自主研制低空大速度航丁-42 航空红外相机、航丁- 改航空红外相机，是上海技物所在消化吸收外国先进技术的基础上进行仿制、研制、自主创新的一次成功实践，为上海技物所航空、航天遥感技术的发展奠定了基础。此后，上海技物所的科技人员在航空红外相机研制成果的基础上，发扬实干创新精神，持之以恒，经历过艰辛的努力，进一步开拓、发展了我国自己的航空红外遥感、多光谱遥感和航天遥感技术研究领域，为我国空间遥感事业作出了重大贡献。

不变之初心

人无精神不立，国无精神不强。科学成就离不开科学家精神支撑。作为上海技物所的工作人员，我们一直被“两弹一星”精神不断激励着。

新中国成立初期，面对紧张的国际形势，为保卫国家安全，党中央果断地做出了研制“两弹一星”的战略决策。在如此关键的时刻，一大批海内外科学家们胸怀祖国、历经艰难，将个人理想与祖国命运紧密相连，用他们的意志和抉择谱写了“科学无国界，科学家有祖国”的爱国科学家精神。而今，这也成为我们用科学服务祖国、服务人民的强大动力。

我国红外技术的奠基人汤定元先生也在新中国成立后第一批留美回国的11人之中。当年美国移民局的官员怀疑汤先生留美动机时候，汤先生斩钉截铁地告诉对方自己回国的决心，并于1951年6月及时回到祖国，而同年8月，美国政府便下令禁止中国留学生回国。汤先生胸怀祖国、服务人民的爱国科学家精神迄今为止仍然在激励着上海技物所的红外科研工作者们。

回国后的汤先生很快注意到红外技术对于国防建设的重要性，而这一关键技术在国内却几乎为空白状态。他写信给中国人民解放军总参谋部，建议加强红外探测器的研制布局。这就是著名的“三封信”中的第一封。但当红外技术成为热门课题，许多单位纷纷开展又因经费停滞时，汤先生再次写信给聂荣臻元帅。他在信中指出：红外研究是大有发展前途的，不能中断，也不能搞“一窝蜂”，要聚散为整，集中全国的科研力量攻关。正因着这个倡议，红外技术与应用光学被列为国家科研发展重点，而上海技物所与昆明物理研究所成为中国发展红外技术的专业研究所。汤先生始终引导上海技物所坚持以国家需求为牵引，开展红外技术在空间应用的研究。其领导参与研制十余种红外探测器，大量运用于人造卫星和军事装备中，为我国“两弹一星”作出了突出贡献。汤先生这种以国家需求为己任，集智攻关、团结协作的协同科学家精神到如今仍然影响着一代代红外领域的研究人员。

现今我国发展正面临着国内外环境复杂而深刻的变化，面对国家对科技创新的迫切需求，科学家们应不忘初心、牢记使命，秉持国家利益和人民利益至上，继承发扬老一辈科学家“两弹一星”精神。传承老科学家们一脉相承的红外兴国精神，发扬我国红外事业，增强我国国防力量，也成了上海技物所不变的初心。

（胡伟达，男，1979 年生，理学博士，上海技物所研究员，博士生导师，国家杰出青年科学基金、中国青年科技奖获得者，国家重点研发计划、173 基础加强项目首席科学家。长期从事红外探测器及其智能芯片应用研究。曾获萨本栋应用物理奖、优青、青拔、英国皇家学会牛顿高级学者计划等。现任 *Infrared Physics & Technology* 副主编。以第一、通讯作者在国际期刊发表论文 150 余篇，授权中国发明专利 21 项。）

第二篇章

巨澜汇

1978年至1998年，碲镉汞红外探测器的应用覆盖了短波、中波、长波和甚长波等整个红外波段，成为应用最广泛的一种红外探测器。欧美等发达国家继续保持着在空间领域的卫星气象、空间探测、地球观测计划等方面的高强度投入。

与此同时，上海技物所围绕国家的战略需求，通过风云一号气象卫星、风云二号气象卫星、载人航天工程任务等一批国家重大任务有效载荷的研制实践和成功应用，形成了以航天红外光电技术为建所之本，同步发展卫星姿态光电测量、航空光电遥感和空间科学仪器等多类红外光电产品的发展模式。上海技物所洪涛巨澜汇成，催生沧海英雄，以实干和奋斗走出了具有研究所特色的自主创新道路。

合作守信实干进取 为四化建设作出

筑梦 探索 拓天疆

——记龚惠兴院士

龚惠兴，航天遥感专家，上海技物所研究员。1940 年 6 月出生于上海市，1963 年毕业于中国科学技术大学，1967 年中国科学院自动化所研究生毕业。1995 年当选为中国工程院院士。龚惠兴是我国航天光电遥感技术领域的主要开拓者之一，推进了我国空间科学实验及应用研究。他曾深入研制静态红外地平仪，并将其用于我国地球同步轨道自旋稳定卫星的姿态敏感。他率先在国内开展航天红外遥感仪器及其辐射定标的研究，成功研制出我国第一台航天红外遥感仪器。他成功研制出空间蛋白质晶体生长装置，完满领导了我国首次在空间微重力条件下进行的长晶试验。20 世纪 90 年代初，他担任神舟飞船应用系统总设计师。2001 年至 2006 年，他任国家 863 计划航天航空技术领域专家委员会主任。

"我们的航天事业还有很长的路要走，广袤无垠的深空等待年轻人去探索。在这一行，我们要像战士一样，以报国为念，诚实、勤奋、守信，走出最坚实的人生步伐。到自己的暮年，可以问心无愧地说：'这一辈子，无愧于国家培养和托付！'"

生活哲学

1940 年 6 月 24 日，龚惠兴出生在上海浦东一个普通工人家庭。其父深知读书的重要，父母倾尽全力送子女们上学。1954 年，龚惠兴完成了初中学业，但在升学高中的考试中落榜，这深深刺伤了他，但他也慢慢悟出了失败的主要原因是自己学习不够努力，长期满足于靠“小聪明”维持的班上排名靠前的成绩，忽视了对所学知识的真正掌握。“知耻而后勇”，从此，龚惠兴自觉发奋学习，经常看书到深夜，或半夜醒来就起床看书；经过一年的努力，1955 年秋，他考上了新创办的上海市东昌中学。此后，龚惠兴在学习方面始终保持着坚韧的自制力。1958 年高中毕业后，他顺利考上了刚刚创办的中国科学技术大学自动化系；1963 年进入中国科学院自动化所开始研究生学习，于 1967 年 9 月毕业。

研究生毕业面临工作分配时，龚惠兴从京返沪探望生病的母亲。他的研究生朋友写信请他去刚成立的上海技物所了解情况，欲知该所能否接收他们去工作。龚惠兴依信前往，双方一番详谈，发现研究生朋友的专业不太适合上海技物所，但他所学的自动化专业正是所里需要的。随后，他就被分配到上海技物所工作。这件事让龚惠兴深感“生活里也有哲学”：“我原本是帮别人来跑腿的，但因为热心待人，反而成全了自己。所以，我们无论在工作或生活中，该向人伸出友谊之手时，就必得伸出，这样我们的社会才会走向和谐。你帮人时，切不可怀有什么功利的目的。而事实上，今后当你遇到什么困难时，别人也一定会帮助你的。”

初涉红外

1968 年 1 月，龚惠兴进入上海技物所工作，红外技术对原先学自动控制的他来说十分陌生，要想更好地从事红外技术研究就必须学习。于是一有闲暇，他就去图书馆借阅有关红外技术知识的书籍，渐渐地，他与同事讨论工作时共同语言多了，对红外系统的设计原理和性能也容易理解了。此时正值“文化大革命”时期，龚惠兴思来想去，觉得做科研是最合适的人生选择，它对国家和社会有益，自己能得到认可，亦能维持生活。

1970 年初起，龚惠兴开始从事卫星光电遥感技术研究，参与了“东方红二号”通信卫星红外地平仪研究，并关注红外地平仪在我国各种卫星上的运行情况，以提高仪器工作的可靠性，这些为他后来研制技术更复杂的航天红外遥感仪器打下和浇筑了坚实的基座。那时我国的红外和遥感技术研究刚刚起步，一切技术都需要科研人员一点点摸索。龚惠兴当时一边向几位老先生请教，一边仔细研究琢磨物理学中相关的一些基本原理；他对未知的技术充满“从无到有”的探索兴趣，在艰苦的研究过程中也能甘之如饴。不久，他和同事们终于弄懂了红外遥感的基本原理，除了几位老先生外，他们是“我国接触红外遥感技术的第一代科研人员中的第二批”。

倾注风云

1977 年 11 月，我国风云一号气象卫星正式进入工程研制阶段；就技术层面而言，比国际上的气象卫星大概落后十年。龚惠兴负责卫星的扫描辐射计研制工作，他带领团队从头做起，权衡、判断多个技术路线，工作强度之高令人咋舌，须知此时他的肝功能指标仍不正常。

1976 年 1 月，龚惠兴得了肝炎；经过一年多的休息、住院治疗，病情稍有好转，他就迫不及待地投入工作当中。为避免传染，他就在上海技物所共青楼底层厕所旁的储藏室中办公。身体虚弱的他，上一层楼梯就需休息一次，洗脸用凉水就会感冒。仅过了一个月，他的肝炎就复发了，但他瞒下化验结果，一直带病工作，就这样坚持了 7 年，直到 1984 年他的肝功能化验指标才恢复正常。在研制扫描辐射计时，拖着病体的龚惠兴对工作没有一丝丝懈怠。

经过多年的紧张工作，扫描辐射计终于成型。为了确定测出图像的稳定性，龚惠兴和同事们开始着手大量的实验。其中较为重要的是保证红外扫描辐射计能够在太空的低温下工作，这就需要创设真空且具备极度低温的太空环境模拟，而当时的上海并没有这样的条件，整个团队只能赶往北京怀柔。这是我国首次进行这样的实验，液氮制冷的真空罐就是实验空间；实验时，每天需消耗近 8 吨的液氮来冷却真空系统内部，再用氦制冷机使空间模拟的背景达到 15 K（–258 ℃）。尽管从上海出发前众人已对试验工作做了充分准备，但现场的系统调试中产生的困难仍

1986 年 5 月 25 日，龚惠兴（右一）在东海对风云一号气象卫星 A 星增加两个海洋通道的五通道扫描辐射计进行航空校飞试验

1988 年 9 月 7 日，我国第一颗气象卫星在 25 基地发射成功，龚惠兴（左三）满心喜悦步出发射场

比设想的复杂得多，很多同志累了就在椅子上打个盹，龚惠兴平均每天只睡三四个小时。连续 17 天的昼夜奋战后团队排除了系统干扰，但还要把辐射制冷器上供系统调试用的模拟电阻的引线断开，改接到碲镉汞探测器上。这一操作需要有人爬入真空罐，穿过密如蛛网的引线和电缆，将信号线插头从模拟电阻转接到碲镉汞探测器上；事并不难做，但要求操作人员万分小心。龚惠兴知道大家经过十多天的紧张工作，此刻都心有余而力不足，于是自己身着轻便内衣爬入真空罐，将引线插头接到碲镉汞探测器上。最终，龚惠兴在任务紧迫、条件简陋的情况下，身先士卒、临危不惧，带领试验团队圆满完成了任务。

龚惠兴带领研制的风云一号扫描辐射计只有 3 个探测通道，信息格式却是按美国“诺阿气象卫星”5 通道的标准设计的。1985 年 3 月，在中国空间学会遥感分会杭州会议上，龚惠兴提出一个载入中国卫星发展史的建议：为风云一号增加 2 个可见光探测通道，用于海洋观测。他用更广阔的视野去思考国家的需求问题，主动地考虑国家的科技发展。1988 年，风云一号成功发射，龚惠兴带领团队研制的扫描辐射计可谓是“火眼金睛”，它的成功运转在国内外引起了巨大的反响。由于当时国际上的卫星在海洋水色观测方面存在空缺，风云一号气象卫星兼有海洋观测能力、探测波段的创新设置便受到国内外用户的普遍欢迎。

从 1977 年风云一号立项研制，到 1990 年风云一号第二次发射成功，整整 13 年间，龚惠兴凭着一股韧劲，带领团队在较短的时间内实现了中国航天人缔造气象卫星的千秋之梦，也为自己的科研生涯绘上了浓墨重彩的一笔。

再战航天

1992 年 9 月 21 日，中央决定开展我国载人飞船的工程研制，这标志着我国的航天技术从卫星的研制和发射上升到具有综合功能的载人飞船研制和发射的新阶段。龚惠兴被任命为载人飞船工程应用系统的总设计师，这让他再一次与中国航天事业紧密联系、携手并进。

当时，经中央批准给到龚惠兴的神舟飞船应用系统要求是实现军民对地观测、开展空间科学与技术实验。神舟飞船应用系统是当时我国规模最大、内容最多、技术难度最高的空间应用系统之一，系统中所需研制的仪器多达 33 种，分别由几十个单位承担。龚惠兴作为总设计师，深知载人飞船工程是个大系统，如果应用系统上船试验项目的技术状态不能及时确定，所需的试验条件得不到保障，那么应用系统的各载荷将失去上船试验的机会。因此，他要求各遥感仪器及空间科学实验装置的承制单位，抓紧时间与用户及科学家协调，根据上船试验要达到的目标和主要技术指标，提前估算仪器上船试验所需的重量、体积、功耗、遥测通道和遥控指令数。多年的航天经验让龚惠兴深谙飞船上的重量、电力资源是十分宝贵的，为此他拜访了飞船系统的设计师，得知载人飞船提供给上船试验的载荷重量可达 500 公斤，其中 100 公斤可以随返回舱返回地面，留轨期间能供给载荷的电力约 300 瓦。龚惠兴在听取各承制单位对上船试验仪器的技术方案和对重量、体积和功耗的要求后，下令：各上船仪器的重量都按上报数砍去 30%，并以此进行方案设计。

2003 年 9 月 24 日，龚惠兴（左）视察酒泉发射场首次载人航天发射准备工作时与王大珩先生合影 .

就这样，龚惠兴在上海与北京之间两头跑，在京时就与别人合住招待所，一日三餐随便应付一下，仅仅只用了一年半的时间就建立了我国载人航天第一期工程的应用系统框架，为我国神舟飞船开展空间实验提供了基础。

心系征程

2001年至2006年，龚惠兴再次担负重任：被任命为863计划航天航空技术领域专家委员会主任，领导该领域的发展战略和技术研究。他认为航天技术领域的主要任务包括三项：进入空间、利用空间和空间维护，中国在几十年的发展中已掌握运载火箭研制和发射技术，每年发射的空间飞行器数量已居世界前列，并建立了以卫星为主体的空间应用系统，但空间维护能力尚显薄弱。据此，龚惠兴领导专家委员会把空间维护技术作为研究新方向。担任主任的5年中，他提出并制定了以维护国家空间安全为主要目标的领域发展战略，推动了我国空间安全的规模性研究；推进了五个主题和三个重大专项的研究进展，其中以“706”重大专项取得的成果最为显著；提出维护空间安全和对抗的核心技术之一是一颗卫星对另一颗卫星的捕获和稳定跟踪，提出了“700任务”目标、系统组成和演示方案，为后续的空间维护技术试验取得成功筑牢了基础；支持和培养了一批优秀的中青年科技人才，当年的领域专家中已有8人当选为中国科学院或中国工程院院士。此外，龚惠兴还担任了“973”项目“微小卫星新概念新机理研究”专家组的组长，并提出发展具有新颖性能的微小卫星的建议，开辟了微小卫星应用的新方向。

多年来，龚惠兴奔波于北京和全国各地，年乘机数多达100次。他常常习惯性地抽着一根又一根雪茄，倾耳细听、凝眉思索，往往寥寥几句就能让前来求教、咨询的研究所内外的同仁茅塞顿开。他担任上海技物所科技委主任一职时，那间堆满了各种文件资料的办公室常常访客盈门，难题到了这间办公室就会神奇地变简单

2005年11月28日，龚惠兴出席中国工程院第三届主席团十七次会议

了，这一切得益于他 50 多年科研工作的经验积累以及勤于思考探索的习惯。

如今，满头华发的龚惠兴仍在为实现航天事业的新梦想而劳苦奔波，谈起工作仍像刚工作的小伙子一样憧憬、激动。他常常说航天是一项高风险的工作，不仅要有信心，更要耐心细致，来不得半点马虎。回首筑梦、探索与取得成功的 50 余载，他这样说："我们国家的航天，国际上的声望也得到了发展，我想我是为我们国家的航天事业尽了一点力量，所以我感到比较庆幸。"

风云一号 C 星第一轨展宽云图

坚守 引光 破混沌

——记沈学础院士

沈学础，物理学家，上海技物所研究员，复旦大学教授。1938 年 4 月出生于江苏溧阳，1958 年毕业于复旦大学物理系。1995 年当选为中国科学院院士（数理学部）。沈学础于 1978 年起从事凝聚态光谱及其实验方法研究。发展了光学补偿双光束傅里叶变换红外光谱方法，发现了一定条件下某些固体存在声学局域模。发展了傅里叶变换光热电离谱方法，使硅中浅杂质检测灵敏度有数量级的提高。对超晶格、量子阱及其他低维结构、半磁半导体和非晶半导体、固体中杂质以及氨基酸、多肽、蛋白质分子等做了大量光谱研究，尤其注重其中量子态跃迁、量子态杂化耦合等微观量子过程和量子互作用。近年来，在固态电子混沌、微腔激子激元、微腔单量子点等方面有新成果。

“我认为，我们这一代人起的作用是在新中国建立了现代科学技术的基础，这也是我们这一代人的责任。希望我们国家现在年轻一代，站在这一基础上，能够抓住时代机遇，真正提高到国际一流。”

抓偶然，成必然

沈学础出生于苏南的一户普通农民家庭里。沈学础的父亲是名本分而老实的农民，被人在借据上动了手脚，不得不偿还莫须有的债务，这使得他格外重视儿子的教育，故给儿子取名“学础”，并倾尽所能供子上学。为了挣学费，父亲利用农闲间隙，离乡打工。心痛父亲的艰辛，感恩来之不易的学习机会，以及童年时期亲眼见证的日寇来犯景象，沈学础从小立志要好好读书来孝敬父母，更为国家富强而踏实向学。

考高中时，沈学础以地区最高分考上了江苏省立溧阳中学高中部，也由于优异的成绩，学校给了他奖学金和助学金，这缓解了沈学础的生活压力，让他有了更多精力好好学习。进入高中后，沈学础最喜欢的便是物理学科，缘由不过是农村孩子第一次知道电的多种用途的惊讶，但他牢牢抓住这份对未知的好奇，希望能进入物理世界的大门。他常常向物理老师万达明请教，在老师的循循引导下沈学础走进了物理的世界。万达明老师是北洋大学物理系的毕业生，看到聪敏好学的沈学础自然有了惜才之心，后来更是将自己的大学物理教材《物理学教程》送给了沈学础。沈学础收到这套全英文的物理书如获至宝，英语、物理一同学习，学业大有长进。

1955 年临近毕业，沈学础因成绩优异，学校及组织上拟选派其前往苏联留学，但在体格检查时因误诊有心脏问题而落选。因此，他需要马上定下高考志愿并赶往苏州参加次日的高考，时间十分紧迫。此前他压根没想过大学、专业的选择问题，也是毫无准备；考虑到心脏的问题，想选相对轻松的专业。这时，时任溧阳中学教导主任的吴椿老师劝导沈学础："你要学就学物理！不要浪费你的才华。"在万达明和吴椿两位老师的鼓励下，沈学础安下心来，报考了复旦大学物理系，来不及收拾行装便上了火车赶往苏州。好在高中阶段的学习相当扎实，即便没有准备，高考分数依旧很高，如愿考上了复旦物理系，与物理结下了一生之缘。在大学期间，沈学础的所有课程成绩皆十分优秀；三年级时便进入了实验室，成为周同庆院士和李富铭先生的得力助手，参与了寻找氦气的科研工作，这是他的第一项研究工作，也是他与光谱研究初相识的机遇。

1958 年 10 月，中国科学院上海分院和复旦大学联合创办的上海技物所成立，沈学础提前大学毕业，成为该所的第一批科研人员。此后，谢希德先生给沈学础补课，他边工作边上课，学完了所有的研究生课程。在谢希德的带领下，真正踏上了物理科学研究、科学探索之路，迈出了坚毅的步伐。1961 年，沈学础担任课题组长，负责高压条件下的半导体研究；因此前他也在北京学习微波电子管相关知识技术半年有余，工作进程顺利，一年半后便有了不错的成果。于是，参加工作还不到两年，以沈学础为主要研究人员和第一作者参与的研究论文就发表在了《物理学报》上，反响热烈；不多时，中国物理学会便邀请他参加年会并做学术报告。年会上，年仅 25 岁的沈学础第一次见到了钱学森、黄昆、周培源等科学大家，这给他的科研决心夯上了牢固的一棒。

敢挑战，出创新

真正的人生捷径，是在认真实践检验与经验积累的基础上少走一些弯路。

1978 年，沈学础被选为改革开放后我国首批出国访问学者，前往德国马普固体研究所留学。该研究所世界闻名，汇聚了诸多顶级科学家，其中不乏诺贝尔奖得主，这让沈学础的科学视域拓展万千，也让他深感中国在相关领域与世界顶级水平的差距。既然获得了这来之不易的机会，就绝不可浪费。留学访问期间，沈学础一周七天废寝忘食地扑在实验室和图书馆里，每天工作 16 个小时。仅仅两年时间，他就有近 20 篇优秀论文发表在著名的国际期刊上；单是 1980 年就有 10 多篇，是那年马普固体研究所发表论文最多的并且每篇论文都有创新性结果；其中几篇文章至今还在被引用，成为相关领域的经典文献。德国科学院组织德国国内外专家对马普固体研究所的年度工作进行评估时，沈学础的几项结果列在其中，之后又在马普固体研究所实验室陈列十多年。

1979 年，沈学础（左一）在德国和导师根策尔等合影

沈学础初到马普固体研究所时面临课题选择的困扰。有一位德国同事向他发出邀请，这位同事的课题已有较为完备的成果，很快就能发表论文了。这对于初来乍到的沈学础来说不啻为非凡诱惑，但他思虑再三，拒绝了坐享其成。最终，他选择了当时公认难度较大的“双光束傅里叶变换光谱”课题，连导师都认为没有几年工夫是做不出结果的。选定课题后，沈学础一头扎入实验室奋力实验；值夜班的保安被他长期熬夜拼搏的毅力所打动，在平时颇为照顾。为了尽快补充专业前沿知识，沈学础从图书馆借阅了大量资料，如同海绵般吸取书中的知识，学

思相辅，他甚至还在经典著作中发现了几处谬误，这让德国同行对他的学术成长感到惊讶又十分佩服，说从未见过像他这样读专著读文献的。百炼成钢，最终，沈学础不仅顺利完成“双光束傅里叶变换光谱”课题研究，而且他为课题提出的理论模式，编写的相应的电脑操控实验和数据处理程序，研制的配件，都在德国发展新型实验设备上通过了验证，尤其是当时放眼国际，电脑操控等技术也不过才出来而已。

在德留学期间，沈学础及时把握住了国际上固体光谱研究的动态，他和另一位中国访问学者敏锐地从实验中偶然发现的新光谱信号上成功观察到了固体中的轻杂质低频振动新谱峰。沈学础敏锐地提出，这应该是一类普适性模型和物理现象，但并未引起马普固体研究所合作导师、固体光谱学大师卡多纳教授的过多关注和认可，卡多纳教授只说了句“除非你足够幸运”。但是随后更多结果论证了沈学础的执着是正确的，他是足够幸运的。沈学础和国内同行将这一实验现象归结为一类新的杂质振动模式，并为其命名。这一研究成果被国外同行长期引用，成为该领域的一个经典之作，有业内同行称，这是可以载入教科书的发现。德国电视台专门前来采访沈学础的研究，题为“在德国的中国科学家”的采访在电视台播放了五六分钟，沈学础的德国同事特意为电视里的沈学础拍照留存。这不仅是对沈学础本人，对当年这一批在国外留学的同事也都是弥足珍贵的，毕竟这是当时国际上鲜有的对中国留学生在科研领域成果的认可。

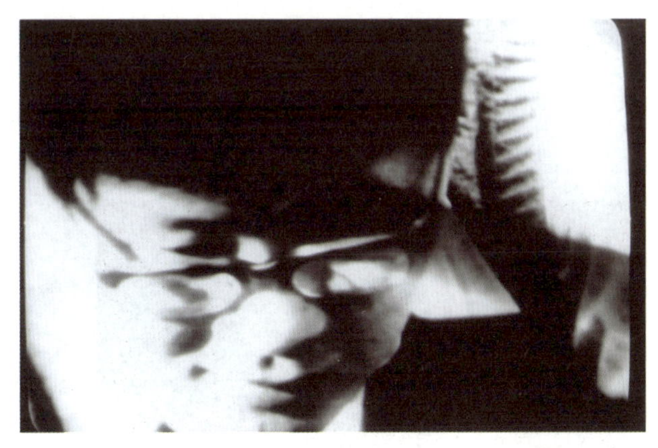

德国电视台播放节目时德国同事对电视机拍摄

那时，沈学础还有一项“妙手偶得”：将高灵敏度傅里叶变换光谱研究方法运用在蛋白质有机分子上，并获得了它们的红外和远红外光谱。这项跨领域、多领域联合的研究实属前沿，即便是现在也没有太多的研究人员涉足其中。因当时沈学础已准备回国事宜，仓促间只发表了这一研究的部分内容，更多的则在很长时间内被埋在角落里，直到 2008 年才被整理发表。科学的回响终会来到，2009 年的“国际红外毫米波－太赫兹学术会议”上，沈学础当年发表的论文被另一位研究蛋白质远红外光谱的科学家认可为真正的先驱之作，这无疑是一个莫大的惊喜与肯定。

有心人，天不负

“科学还真是蛮有趣的，尤其在你淡泊功名潜心研究的过程中，似乎总有惊喜在前方等着你。”1981年沈学础学成归国，积极和同事们筹建红外物理实验室，钻研用红外的方法研究物体的性质，并以所得研究结果促进我国红外技术与应用的发展。硕果累累的实验室在1985年成为中国科学院首批开放实验室，1989年又成为国家重点实验室，并成为信息领域唯一一家连续7次被评为A级的国家重点实验室；1995年，美国《科学》杂志将其列为中国11个前沿实验室之一。他的一篇论文还被收录于SPIE（国际光学工程学会，Society of Photo-Optical Instrumentation Engineers）编辑的20世纪夜视技术里程碑卷中，是中国作者入选的唯一论文。

长久以来，沈学础一直关注着国家需要和科学前沿，不仅仅是光谱研究，只要与红外物理相关的国际上最热门、最先进的概念，他都积极引入实验室中。在科研方面，他始终精益求精，先后发表研究论文600余篇，并将自己科研生涯积累的所有智慧与经验出版，诸如《半导体光谱和光学性质》等专著，在自己热爱的科研领域里不断催笋成竹、润花著果。他的诸多成就既是站在时代浪潮与先贤肩上的应运而生，也是报效祖国与钟爱科学的最佳融合。

1998年，沈学础（左）和诺奖获得者冯·克利钦合影

回国后的沈学础认识到国内外基础科学研究水平的巨大差异，深感国内外学术交流的重要性，尤其是对年轻人和研究生的培养和扩大眼界。为此，20世纪80~90年代，沈学础和德国大众汽车基金会主席、德

国知名科学家、诺贝尔奖获得者冯·克利钦的导师 G.Landwehr 一起合作用大众汽车基金支持中国研究生赴德国知名大学或研究所攻读博士学位，喜称为微型 CUSPEA（中美联合培养物理类研究生计划，China-U.S. Physics Examination and Application）。又和澳大利亚国立大学知名教授、澳大利亚科学院原院长 C.Jagadish 合作并签署协议，用澳大利亚援外署的基金送中国年轻学者或研究生赴澳大利亚合作研究。那时候，沈学础自己的实验室也常有国外来访学者和博士后，他还多次在国内举办国际学术研讨会，包括以当时上海技物所研究生部名义举办国际青年学者研讨会。同时，沈学础时刻以导师谢希德院士的育人理念为指引，狠抓研究生能力培养，培养了大批优秀的科研人才，其中已有许多成为了相关领域的柱石金梁。对此，沈学础有三个心得：一是放手，确定题目后让学生自主实践；二是紧抓论文和学风，实验数据绝不允许造假；三是联合培养。他很早就提出并实践了联合培养工作，创造一切可能的机会和条件，推荐组内学生赴海外开展不少于三个月的学术交流。“他们都是菁英，留在所里实验室里面，或到别的学校，继续科学研究，以创新作为自己的终身事业，我有很多学生都是这样子，国内外都有。”每次谈到学生，沈学础便忍不住眼里放光。

2002 年，沈学础在办公室留影

引大道，启大智

“科学中的混沌，意味着一种无动力、能量为零、不知道往哪个方向走的临界状态。我花了好几年时间，和学生一起学习混沌理论，并尝试在实验室条件下制造混沌，将固体中电子混沌研究提高到新的水平，获得国内外学术界的好评。科学到了一定深度后，其实是很人性化的。混沌不仅是一个科学现象，而且还是一个哲学名词。做人就不得混沌，不能没有一点动力和压力。”沈学础始终觉得，科学研究应该是“非功利”的，尽管历史表明科学给人类带来了最大的“功利”。

2019 年，沈学础在马来西亚国际会议上回答提问

世间繁杂，诱惑太多，不少人睁眼却不明，物理学之类的重担避之不及。没有正确的引导，则人才之源易断；没有对奉献的认可，则物理研究难以突破。

沈学础时常向身边人提起“脚踏实地，锲而不舍”“大道无术，大智无谋”这 16 个字。真正的大路不玩权术，大的智慧是不玩阴谋，醒示不要耍小聪明，一步一脚印走正道；做研究不要贪图捷径，要踏踏实实、锲而不舍。

既是杰出的科学家，又是有着近 60 年党龄的共产党员，耄耋之年的沈学础，经常这样对身边的人说：“作为科技工作者，一定要理解自己肩上沉重的担子，努力工作，创新不已，造福国家。”

如今，85 岁的他仍在科研方面工作，他还有两个愿望要实现：一是支持年轻人和学生取得更大成果；二是《半导体光谱和光学性质》专著的英文版尽快出版，此后，与外国同行一道将书中理论研发成计算机程序。“这两个目标的实现，算是为我们国家，为我们民族复兴尽了力，不误此生、不忘初心！”沈学础语气平静，却充满力量，他用朴实无华的语言道出了深沉如海的坚韧与爱。

大智　大勇　探山海

——记薛永祺院士

薛永祺，红外和遥感技术专家，上海技物所研究员。1937年1月出生于中国江苏省常熟县（现张家港市），1959年毕业于华东师范大学物理系。1999年当选为中国科学院院士。薛永祺长期从事红外探测、航空多光谱和成像光谱遥感技术研究，形成的实用化机载遥感系统推动了我国遥感技术的应用；开拓了三维成像遥感新技术，将扫描光谱成像和激光扫描测距一体化，实现了无地面控制点快速生成数字地面高程模型和地学编码图像，这对于滩涂、沙漠、岛屿等交通困难地区而言是一种"实时""高效"的新型遥感系统。他积极开展广泛的国际遥感合作研究，使我国的高光谱航空航天遥感技术在国际上占有一席之地。

"我们搞科学研究的人，尤其是搞工程一类的人，勤学苦练是非常重要的。自身要去学习、要勤奋，肯定也会碰到失败，那更要进行苦练。做科学研究的人，还必须要有不断的追求。"

不坠青云之志

1937年1月，薛永祺在长江以南的常熟兆丰出生了。在脚踏实地、辛勤劳作、敢于创新的家风中，薛永祺茁壮成长，也养成了踏实勤恳、热爱劳动的生活态度。少年时的他最感兴趣的就是和父亲一起种植薄荷并从中提炼薄荷油，提炼技术中的奥妙令他好奇与惊叹。那时，他的父亲还请人造了一架木结构的大风车，通过风力汲水灌溉农田。这些田头水塘边的生活与劳作，蕴含着物理知识，

1960 年，薛永祺在广州文化公园留影

薛永祺在辛劳之余也激起了探索的好奇心，正可谓“劳动出智慧”。

1955 年，在高中结业前，品学兼优的薛永祺被学校推荐为留苏预备生。8 月，他收到了留苏预备生录取通知书，前往北京俄语学院留苏预备部报到入学。薛永祺出生于农家，家境并不富裕，生活的压力在他父母身上留下了显而易见的苍老；每每想起父母的谆谆教诲、含辛茹苦的培养以及临行前母亲的眼泪、送行时父亲的伤感，他的心灵都被重重叩击着。于是，他放弃了留苏的机会，毅然决然地选择了离家近且没有任何费用的华东师范大学。9 月，薛永祺从上海北火车站下来，坐上一辆三轮车来到位于中山北路上的华东师范大学，就此开始了他在华师大物理系四年的学习生涯。

1959 年 9 月 1 日，薛永祺大学毕业，前往上海电子学研究所报到。报到后才过了两三天，人事处的同志就来找薛永祺谈话，表示组织上有意让他担任所长的学术秘书。这一职位相当于现在的所长助理一职，初出茅庐的薛永祺对此受宠若惊，但他是一个务实、本真的人，他认为研究所内的专业人员工作经验丰富，都是技术尖子，自己初来乍到，并不具备这个实力，因此更希望从事技术工作。了解了薛永祺的意愿情况后，人事同志就将他安排到匡定波先生所在的研究室工作。至此，薛永祺结束了学生生涯，开始了长达六十三年的科研路程。

淡泊宁静之美

天下有大勇者，猝然临之而不惊，无故加之而不怒，此其所挟持者甚大，而志甚远也。在动荡的年代里，薛永祺身患肝病，也受到了不少冲击，但他十分淡定，抱定“随便你们怎么说，你们所谓的这些问题迟早会搞清楚的”的意念，安心养病；同时，他也做好了最坏的打算，即使被戴了右派分子的帽子，也会认真改造，早日摘掉帽子。在一次全所批斗会上薛永祺被罚站，当时他的肝病已经很严重了，闷热的天气下他汗水直流，不仅全身衣服湿透，还在脚下滴成一滩水，可他一声不吭，硬生生忍了下来。

面对莫须有的抨击，薛永祺以淡然之心踱步前行，冰霜覆身却不寒心，执着于志向与抱负，用自身的光找寻别处的暖。他从有限接触到的一些材料中得悉国际上半导体行业已进入集成电路电子时代，而他在大学时并没有学过半导体电子学。他便到图书馆里借了原版的半导体电子学和集成电路放大方面的书硬是啃了一遍，并做了详细的笔记，自己再推导一遍公式，力求把书上讲的内容学通。即使在这个无法做太多事情的特殊时期，薛永祺仍始终未荒废自己的专业，钟爱的科研生涯才刚刚开始。

1972 年，低空大速度航空红外相机研制任务下达给了上海技物所。薛永祺与所里另外两名同事组成技术小组，解决新研制的红外探测器与提取信号的电子电路匹配问题。目标明确后，他们制定了查阅资料、分析研究和撰写报告的流程。之后，薛永祺便拿着介绍信骑着自行车前往图书馆和情报所查阅资料，流转于上海所有与半导体有关的无线电厂做调研。通过调研，小组对产品的性能、产地、制造商的生产能力、购买渠道等都有了头绪，不久合写了一份调研报告，对所里将来要用的红外探测器需要用什么样的半导体器件提出了建议。他们的报告很快被所里认同并达成共识，还向全所做了专题报告。现在，很多年轻科研人员依然能从这份报告中收获满满，只要涉及红外探测器的应用，要参考哪些资料和书，报告里都有详细说明。

在所不辞之责

1971 年的大兴安岭森林大火，火势凶猛异常。任务层层下达，薛永祺临危受命，要开展早期发现和检测林火的实验研究。他仔细研究了美国 AD 报告，提出了双波段的红外探火相机，具体是将双波段获得的红外线分成两个红外波段显现。经过夜以继日的奋斗，薛永祺带领团队研制出了双波段红外扫描相机并立刻前往大兴安岭，在航空遥感试飞中，取得了在飞行高度 3 公里时，仍可以透过烟雾探测 0.1 平方米火情的佳绩。这台相机的成功研制为我国发展机载遥感系统作出了贡献，薛永祺也从此开启了以应用牵引与课题实践相结合的思维之路，为我国航空遥感技术的发展呕心沥血数十年。

薛永祺（右一）与课题组同志在实验室进行遥感扫描仪的光学校正工作

1976 年 7 月，唐山特大地震发生后，薛永祺再次临危受命，他和团队不顾安危，携带仪器赶到北京沙河机场，把仪器安装在飞机上，争分夺秒对唐山地区进行遥感探测。这一待就是两周，因任务量大、时间紧张，薛永祺便住在了机场的临时指挥部内。他全权负责整项飞行遥感探测，全程在飞机上保障技术设备的正常运行，常常是飞机飞回后第一时间就把红外影像数据提供给遥感分析组。当时的成像技术不似现在的简单，需要扫描在胶片上，将一条一条的胶片冲洗后悬挂晾干，此后才成相片。即便飞行疲乏、任务繁重，薛永祺也会用自己的红外探测经验和知识为分析组的专家提供帮助。

服务国家、服务人民，每个科研人员责无旁贷，使命光荣。之后，薛永祺又带领团队完成了新疆矿藏探测、云南腾冲遥感大型试验等一系列科研任务。时间紧、任务重，但薛永祺却始终强调“要么不做，要做就做最好的”，这是他对做好国家重大科研任务的态度，也是他在科研生涯中对自己的要求。20 世纪 80~90 年代，我国的科研条件与国际上的发达国家相比有很大的差距，但这并没有成为他降低科研工作要求的借口。从国家“六五”攻关，到 20 世纪 90 年

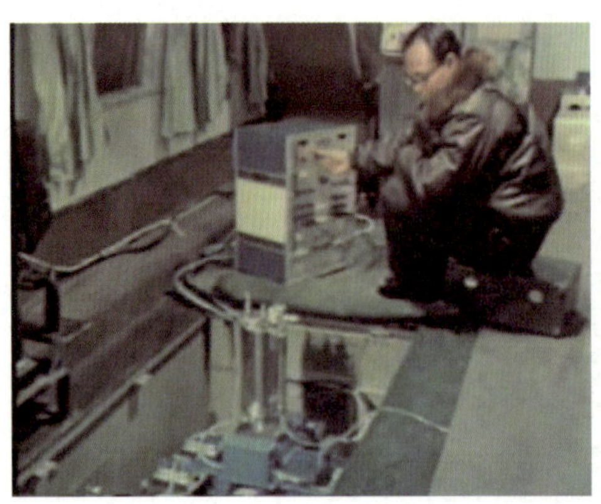

腾冲飞行时薛永祺在机上作业

代承担的国家 863 计划重大项目，他和团队都是超越任务指标要求，完成了一项又一项国家重大科研任务。

研究应用之合

乘长风，破万里浪。薛永祺始终坚持在科研的道路上大家共同协作，不能完全强调个人需要，因此他很少谈自己需要什么，而是看国家需要什么；他也特别强调要将研究与应用相结合，把科学问题、技术原理转化成工程上可实现、可物化的器件。因此，他在发展遥感技术的同时，不断地将取得的技术成果与国内外的遥感应用相结合。

1987 年，国家海洋局在联合国开发计划署的援助下，建立了业务化的海洋油污染航空遥感执法监测系统，由国际海事组织和海洋局组织国内外技术竞争，最终由薛永祺团队夺得了红外、紫外扫描仪的合同订单，也开创了国内与瑞典公司和丹麦公司合作组建成套航空遥感系统的先例。长期在遥感科研领域的细心耕耘使薛永祺在遥感界有不少友好的合作伙伴。他与童庆禧先生在长期的合作中形成了默契的配合和优势互补，二人凭借着敏锐的洞察力和对前沿新技术不断地追逐与探索，在我国倡导并率先开展了高光谱遥感技术和应用研究，在中国科学院形成了一个高光谱研发的综合团队。高光谱遥感技术在寻矿、地质矿物和岩性分析、湿地生态系统监测、植被和农作物精细分类水质调查、城市建筑材料识别等方面都取得了重大进展。

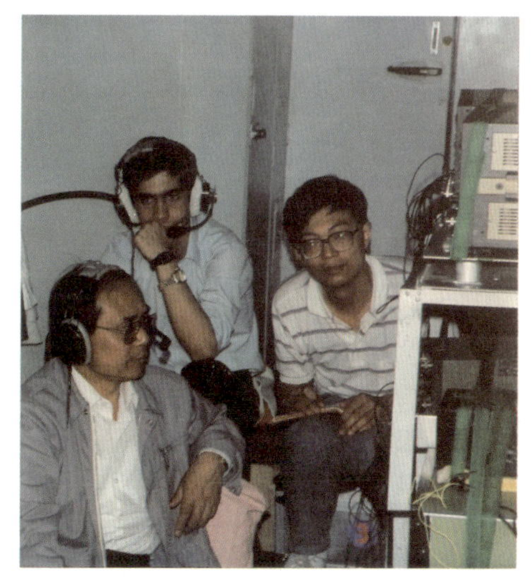

1990 年，薛永祺（左一）在苏联进行遥感合作研究

在很多基础科研条件和国际上有很大差距的情况下，薛永祺带领团队研制出了多个可与国际上最先进的设备相媲美的机载光电遥感仪器，得到国际上广泛的认可，各类国际合作应接不暇。1988 年至 2002 年，薛永祺团队四次参与中日合作项目，在双方地区进行了“塔里木盆地油气勘查遥感合作研究”“湿地遥感”“高光

薛永祺向科技人员讲解成像光谱技术

谱精细农业遥感合作研究”。1990年，在苏联库尔斯克和科尔恰托夫核电站地区进行生态遥感实验。1991年，应澳大利亚航测与制图公司邀请，在北领地和西澳省进行了港口、海湾、矿区和城市环境等领域的遥感合作研究。1994年和1996年，意大利AGIP和美国TAXCOS石油公司租用薛永祺团队成果——机载成像光谱仪，在我国塔里木盆地石油开发投标区获取了3.5平方公里的遥感数据，用于前期地学研究。2002年，应马来西亚国家遥感中心的邀请，携带超光谱成像仪在马来西亚获取了热带雨林地区的高光谱图像数据。

授业解惑之路

薛永祺常说，要“清清白白做人，认认真真做事，老老实实做学问”，他坚持“做人”要尊重别人、要依靠集体，科研工作要集智攻关、团结协作；他坚信“劳动出智慧”，一直勤动手、爱动手；他坚信“胜利，往往是在坚持一下的努力之中”。他崇尚科学、热爱教育、耕耘不辍、孜孜不倦。

薛永祺十分关心青年人在学业和事业上的成长，其淡泊明志、宁静致远的人格魅力让青年人肃然起敬。在他的指导和引领下，上海技物所研制出了我国第一台空间应用的激光高度计和系列化的空间激光遥感载荷，第一台用于环境卫星的红外相机和多台星载成像光谱系统，并为国际首颗量子科学实验卫星“墨子号”研制了载荷系统，实现多项国际第一次的星地量子通信科学试验。

莫道桑榆晚，为霞尚满天。耄耋之年的薛永祺一直热心并积极参与各类科学普及活动，是上海市乃至长三角地区享有美誉的资深科普专家。他的科普报告为听众所喜爱，科普宣传效果佳，广受好评。他退下科研一线后以不一样的方式为科学奉献，多方面地为遥感技术和应用领域提供科技服务，多维度地为民生提供惠民科技服务。仍然发光发热，仍然为国为民；何思何虑，殊途同归。

如今，86 岁高龄的老党员薛永祺仍然精神矍铄，他曾以“我的光电工程生涯”为题向众人讲述自己跨越了大半个世纪的人生故事，将新中国红外光电发展的历程娓娓道来。一张张黑白照片，一段段峥嵘的红色岁月，在他的讲述中，技物所人重温了老一辈科学家从“科学救国”到“科技强国”的家国情怀和心路历程。他用实际行动告诉大家，作为一名科研工作者，要有坚守初心、矢志报国的责任与担当，更要耐得住寂寞、坐得住“冷板凳”，不图虚名、不务虚功，攻坚克难、共克时艰。

不倦 不懈 为风云

——记陈桂林院士

陈桂林，空间红外遥感技术专家，上海技物所研究员。1941 年 12 月出生于福建南安，1967 年毕业于西安交通大学无线电工程系。2001 年当选为中国科学院院士。陈桂林长期从事航天遥感探测技术研究，自 1984 年起主持并研制成功风云二号静止气象卫星核心探测仪器——多通道扫描辐射计，组织和参加对重大技术问题的攻关，解决了在自旋静止气象卫星五通道（可见光、中波红外、长波红外、红外分裂窗和水汽）同时地对地观测的关键技术；主持突破了大孔径（ϕ410 mm）轻量化的空间光学系统、角秒级高精度空间扫描机构、地球同步轨道辐射制冷器技术等难题。自主研发的技术相继用于自 1997 年起陆续发射的风云二号系列气象卫星（A 星、B 星、C 星、D 星、E 星、F 星、G 星、H 星），为我国及周边国家和地区提供及时有效的气象服务。

“看到第一张云图，看着它扫出的第一根线，当时心里的高兴都没办法也不知道怎么形容，中国人总算有这么一天了。风云二号卫星系列的成功，在我国对地观测上确实起到了里程碑的作用，尤其是提高了中国气象领域在世界上的地位和话语权。”

践行的科学梦想总会发光

1941 年冬天，陈桂林出生于福建南安。他为了摆脱世代耕种的命运，努力不懈地学习着。1959 年至 1961 年全国遭遇经济困难，陈桂林每天就着野菜、草根吃下一点米饭，勉强维持生存。在如此艰苦的生活条件下，他依然刻苦学习，终于顺利考入西安交通大学无线电系电子计算机专业。陈桂林在校期间，苏联已经发射了卫星，这对当时的他而言仅仅只是一条报纸、广播中的新闻，从未想到他所学的专业也能运用到我国的航天事业上，并大放异彩。

1970 年，陈桂林被分配到上海技物所。在“文化大革命”期间，各类政治活动几乎充斥了所有时间，但陈桂林从未放弃汲取知识。他见缝插针地找时间学习，星期天也要去实验室看书，专业知识丝毫不曾遗忘。就在此时，陈桂林接到一个科研任务：与所里的老同志一起研发某卫星上的红外地平仪探头。他边看书边实践，很快接手了整个课题组。踌躇满志的陈桂林怎么也没想到，从 1970 年至 1983 年整整 13 个年头，他负责的卫星地平仪从初样发展到了正样，但卫星发射计划总是在关键时刻不幸搁浅，他的努力也随之付诸东流。当旁人可惜陈桂林空付汗水、心血时，他自己却不觉懊恼，他只朴实地踏踏实实做事、莫问前途如何，在钻研攻关中他也积累了颇多成果和经验。那时，他刚好有一次机会可以前往国外做访问学者，学习国外先进的科学技术，一项预研任务止住了他出国的脚步。

陈桂林（左）与同事合影

1983 年下半年，风云二号气象卫星的多通道扫描辐射计研发任务被派到了上海技物所，时任副所长匡定波先生希望陈桂林来负责该项目，陈桂林表示要先调研一下。这一停顿并非在思索是否出国，而是他需要详细了解气象卫星和辐射计的情况。每当中国发生灾害性天气时，国外的卫星就处于“维修”状态；当时国外对远距离的探测成像技术是严守秘密的，尽管能获得一些宏观的参考资料，但真正的核心技术我国并不掌握。陈桂林深深地感触到国家太需要自己有地球同步气象卫星了，于是毅然答应了匡先生。1984 年，风云二号气象卫星主体仪器大口径、高精度“多通道扫描辐射计”课题组成立，陈桂林担任课题组组长，开始了静止气象卫星多通道扫描辐射计的预研征程。

沉沉的黑夜都是白天的前奏

风云二号气象卫星是我国自主研制的第一代地球静止轨道气象卫星，它的成功发射使我国成为第三个同时拥有太阳同步轨道和地球静止轨道气象卫星的国家。它实现了“多星在轨，统筹运行，互为备份，适时加密”运行模式，为我国和世界的气候监测及天气预报提供了实时动态的气象观测资料。在光辉成绩的背后，我国航天人付出了无数汗水、泪水甚至血的牺牲。

陈桂林在研制多通道扫描辐射计的 13 年中，为这场“攻关战役”倾其所有。一开始，设备、硬件、材料、人手等，样样都缺，怎么办？撸起袖子加油干。没有深低温环境，就动手做一个制冷器；团队人手不足，十来个人分组值班盯仪器。陈桂林的笔记本上密密麻麻地列着要解决的难题，大家的眼里再分不得半点余光，全都围着难题转。凭着这样钉钉子的工作精神，团队仅在研制的第一阶段就攻克了 240 多个技术难关，后续又成功发展了大口径空间光学系统轻量化技术、角秒级高精度光机扫描技术……

1994 年，按照既定计划，风云二号 01 星将在年内发射。陈桂林作为风云二号 01 星主载荷扫描辐射计研发团队负责人，与团队早早奔赴西昌卫星发射基地，为卫星的发射做准备。当时整套多通道扫描辐射计被分装在 40 个运输箱

1997 年，风云二号 A 星试验队合影

内，53 岁的陈桂林为了节约实验时间自发地和年轻人一起将箱子逐个扛下，在一次猛一用力时，他的右眼突然模糊不清，因类似的症状之前发生过，每次都会好转，他也就不太注意，仍坚持在现场工作。好在基地医生及时发现了陈桂林的异样，检查后发现竟是视网膜破裂，若不立即手术会有失明的危险。在这离卫星发射不到一个月的时候，陈桂林被架上飞机，火速赶回上海进行手术治疗。如今，陈桂林的右眼裸眼视力不足 0.01，仅靠微弱的光感与左眼配合。国防科工委的领导为此感慨地说："陈桂林把自己眼睛的光芒，献给了气象'千里眼'"。

术后躺在病床上的陈桂林依旧一心牵挂着卫星发射。始料未及的是，1994 年 4 月 2 日，西昌发射中心进行发射前的最后一次厂房测试，因肼系统泄漏而突发爆炸起火，导致卫星被毁，设备、厂房等也都被损毁。火烧得很厉害，在场的试验队员受到巨大冲击波的影响，有人被抛出好远，大家考虑到陈桂林的术后康健，全都缄口不谈此事，但一向严谨的陈桂林敏锐地从大家的沉默中猜到了什么。他立刻在团队的协助下，与北京项目办进行了电话沟通，挂掉电话后，眼上包扎的纱布已被泪水浸湿。在压抑的气氛中，有的同志担心经过这样一次挫折，整个队伍会垮掉。陈桂林表示：风云二号在找出事故原因后，一定会继续研制和发射，再大的困难也不能放弃！只要有人在，一切可从头再来。

慧眼出征，高清千里风云

爆炸事故发生后 3 个月，陈桂林带领团队又振作精神，迅速有序地投入到了下一颗星的研制工作中。面对一切都要重来的艰难局面，陈桂林以忘我的工作精神感染和带动身边的同志：他有坚忍不拔的意志，硬扛着看不清的右眼和常年胃病，每天工作 16 小时以上；他有攻坚克难的力量，每一环节的每一细节都不放松、亲力亲为。遭受磨难的风二团队再创奇迹，仅用两年多时间就提交了比原先质量、性能和可靠性更高的扫描辐射计正样发射产品，并在验收中一次达标。

1997 年 4 月，风云二号准备再度启程，风二团队一到西昌便埋头高强度、高难度的工作中。爆炸事故的阴影丝毫没有吓住科研人员，在 180 吨烈性炸药和 20 多吨氢氧燃料被作为火箭推动力注入时，陈桂林与团队就在不远处为仪器做参数记录，之后继续 24 小时轮流值班。6 月 10 日，在火箭点火前 45 分钟，还有

2004 年，陈桂林（右一）在风云二号 C 星发射基地

一位团队成员冒着极大的危险，爬上已经打开的塔架顶端，把辐射计的输气管拔掉，从容地完成系统上天前的最后一项任务。

1997 年 6 月 11 日，一则令全国人民振奋的消息传遍中华大地：我国长征三号火箭发射的气象卫星——风云二号顺利入轨。看到卫星传回的清晰图像，陈桂林悬着的心终于落了地，疲惫得发疼的双眸终于得到了休息。回想当时，陈桂林说："这种人生的极度快乐，是几百万、几千万元钱所买不到的。这就是人生的真正价值。"风云二号顺利升空入轨后，多通道扫描辐射计所获取的图像清晰稳定，当年就成功地为八运会和长江三峡截流提供气象保障。在联合国世界气象组织第 49 次执委会上，各国代表三次长时间鼓掌，祝贺中国继美国和俄罗斯之后，成为世界上第三个同时拥有极轨和静止轨道气象卫星的国家，同时感谢中国为人类气象事业作出的贡献。陈桂林实事求是的严谨作风换来了最好的回报。他说："美国人用了 2.3 亿美元、法国用了 8 千万法郎。拼钱，我们绝对拼不过；我们只能拼精神、拼作风，用严谨和细致，来换取时间和资金。"此时，曾有的坎坷都化作了美丽。

过往皆序章，未来犹可期

陈桂林从事科研工作几十年，几乎从未停歇过。30 多个春秋过去了，除了多通道扫描辐射计，他很少有其他兴趣爱好。别人打趣陈桂林，说他有点像他的福建老乡陈景润——"简单、纯粹"；直面这种大工程，必然有一种忘我的状态，陈桂林无怨无悔。

陈桂林是地地道道、土生土长的科技人员，无论是求学还是工作都是在祖国的土地上。迄今他只出国了两次，一次是在风云二号研发初期的 1987 年到瑞士参加一个空间展览会，获得了一点宏观的感受。另一次是风云二号 A 星发射成

2018 年 6 月，陈桂林检查风云二号气象卫星 H 星上情况

功后应邀访美。风云二号的发射让美方不太相信这是“中国制造”，反复问他“哪部分是你们自己做的”。陈桂林自豪地告诉他们：“没有一部分不是我们自己做的。”一个国家技术落后，是会被人轻视的，再诚恳地向人请教，也会受到白眼。而当我们的核心技术掌握到一定程度，他就不得不重视你了。陈桂林坚信：高技术是买不到的，只有自力更生、自主开发核心技术，不早点起步，就永远没有成功的可能；尝试过了、失败过了，才有成功的可能；畏难甚至退缩，就只能乞求和失望。

陈桂林把风云二号 A 星的第一张可见光云图放大并挂在办公室墙上，不仅是自豪也是鞭策。他鞭策自己，风云二号所装载的仪器虽然有中国自己的特色，在许多方面已令全球同行注目，但在一些基础性、关键性技术上，与国际先进水平相比仍然有差距，必须再接再厉。从第二批的风云二号 C 星起，扫描辐射计由三个通道增加到五个通道，在性能上较第一批风云二号均有较大的改进与提高。而自 2008 年起，陈桂林又带领团队负责研制第三批风云二号扫描辐射计，在定量观测质量、设计寿命和可靠性等方面又比第二批更进一步，分别提供给风云二号 F、G、H 星用。陈桂林说：“风云二号卫星既是高科技的产物、同时也是一个复杂的系统工程；涉及光学、机械、电子技术、材料、关键元器件以及应用技术，体现的是国家的综合国力。参与卫星、运载、测控、发射、应用五大系统的科技人员成千上万，历经 30 余年，付出了极其艰苦的努力，我们的团队所做的工作只是其中的一个方面，而我在团队中更多地起了协调的作用，让团队成员的优势充分发挥，使他们的潜质能得到充分释放。”

2018 年，风云二号 H 星成功发射，该星也是我国第一代静止气象卫星的收官之星。风云二号 H 星不仅继承了该系列卫星的优良品质，优化了我国气象卫星的“天网”布局，而且调整了原定“站位”——向偏西移动，肩负起为“一带一路”沿线国家以及亚太空间合作组织成员国提供气象监测服务的重任。风

风云二号 H 星首幅图

云系列气象卫星攻克了一系列的关键技术，气象卫星事业也由以前的“追赶”，变为“领先”，甚至多项科技“并跑”国际。风云气象卫星的国际化服务之路充分体现了中国作为发展中大国对国际社会的重要担当。

“1997 年 6 月 21 日，从 35800 千米外的气象卫星传回第一张可见光云图，我永远不会忘记那个时刻，那可是我们自己的云图啊，以前只有欧美发达国家才有……”“在科学技术这个宽广的世界里，努力做自己所选择的事。”几十年来，他是这样说的，也正是这样做的。

立志 力行 兴器件

——记方家熊院士

方家熊，光传感技术专家，上海技物所研究员。1939年10月出生于安徽省黄山市。1962年毕业于南京大学物理系，1966年在中国科学院研究生毕业。2001年当选为中国工程院院士。方家熊长期从事光传感器研究，为我国空间遥感攻克关键红外传感器技术。他提出了变能隙半导体红外传感器的工程优值参数概念和测试方法；解决了空间用红外传感器的技术基础及工程问题，满足了我国首次从卫星对地球的长波红外遥感的要求；为我国发展空间遥感能力的需要实现了碲镉汞红外器件对1~15微米探测的全波段覆盖；提出了我国第一个多光谱红外焦平面组件方案并研制成功；为风云系列气象卫星等研制了高性能与高可靠的多波段红外传感器组件，并推广应用于航空遥感系统和工业、交通、环境、医学等领域。

“每个人都应该有理想，也应该有兴趣，但个人兴趣只有与国家需要和对国家的责任结合起来才能取得事业的成功。处在今天科学发展的火红年代里是一种莫大的幸福。我们要珍惜这种幸福，为国家、为民族多做些事情。”

愈困难，愈喜欢

1939年10月22日，方家熊出生于安徽省黄山市歙县的一个小镇。和那个年代众多孩子一样，读私塾、念三字经、写大字，方家熊接受着传统的启蒙教育。小学进中学时，十多岁的方家熊离开家来到17公里外的屯溪独立生活，连被子都是自己到河里去洗。离乡背井的求学生活，令他在辗转中不断成长，逐渐养成了自立、自强的精神。

顺利升入中学后，在第一次物理考试中方家熊出乎意料地没有及格，这给满心憧憬的他当头浇了一盆冷水。越是吃了苦头，方家熊越是不服输，全力以赴学习物理学。在第二次考试中，方家熊如愿拿到了好成绩，并被老师选中参加了学校课外电工小组，开始做各种各样的试验。令方家熊印象最深的是，他做了一个矿石机并凭此获得了人生第一个奖，奖品是一个小小的本子，至今他都珍藏着。也就在那时，他养成了动手制作的习惯。一个奖励的小本子、一位好老师、一颗好奇心，奠定了方家熊对物理学的终身痴迷和奉献。

20 世纪 90 年代，方家熊（左五）与同事、学生合影

1958 年，未满 18 岁的方家熊顺利考入南京大学物理系。当时他学得比较轻松，涉猎范围也广，甚至把量子力学、半导体学的原著都搬出来看。让他感到比较困难的是做实验，可越困难，他却越喜欢做。1962 年，方家熊大学毕业，考取了半导体所的研究生，师从汤定元先生。两年后，他跟随汤先生转入上海技物所，并在毕业后于此开启了科学事业的大门。

越高山，攻堡垒

1977 年，风云一号气象卫星项目立项启动，方家熊负责该卫星上光电载荷的器件研制任务。这种红外探测器能够接收和测量地球及大气的红外辐射，并将它们转换成电信号传送到地面。在风云一号观测地球的主载荷仪器的方案上，上海技物所选用与国际接轨的先进方案，用碲镉汞器件观测地球。碲镉汞，这种特殊的半导体材料有重要的红外应用和军事应用背景，国外对我国是完全封锁的，技术路线、工艺的具体参数都未公开报道，甚至连它的原材料都是禁运的。没有材料可以引进，没有实物可以借鉴；困难，这只猛兽越是来势汹汹，方家熊越是想要将它驯服。刚刚参加工作不久的他，凭着特有的倔强和执拗，一头扎进实验室，开始了碲镉汞器件的研发工作。他带领整个小组的 29 人一起攻关，从材料的提纯、合成到检测，以及通过工程应用的可靠性的环境、力学、空间的辐照环境等试验，方家熊越过了一座座技术高山，攻下了一座座技术堡垒。

1982 年，上海技物所研发的碲镉汞器件成形，需要装载到飞机上进行航空成像试验。就在这时，对如何解决国内气象业务应用的急需，在技术路线上一部分人赞成走国际上先进的光伏路线。光伏路线最核心的就是要有微电子技术的支撑。当时国内微电子技术尚薄弱，方家熊从国情出发，首先考虑如何解决应用急需，因此他选择了更稳健的光导方案。方家熊一直相信实践出真知，于是他提出两种方案都在空中进行校飞试验比较，经比较最终采用了光导型碲镉汞技术路线。

我国风云一号气象卫星工程研制会议确定采用碲镉汞红外探测器加辐射制冷的核心技术，对此方家熊又遇到了棘手的难题。碲镉汞红外器件在 77 K（−196.15℃）的温度下工作性能良好，这个温度在地面实验室里很容易得到，但是在太空环境中，辐射制冷器能保证的温度为 105 K（−168℃）。从 77 K 到 105 K，温度的差异导致长波红外碲镉汞器件的性能急剧下降。究竟如何实现光学红外器件在 105 K 的温度下仍有满足使用要求的性能？这让方家熊及其研究小组费尽了心血。他建立了测量温度变化的设备，测验光学碲镉汞器件性能随温度变化而产生的变化，然后再按这个器件对应的材料的参数和器件工艺的情况去分析，找到温度升高了之后性能还能满足要求的那一类材料和器件。1986 年，105 K 长波碲镉汞红外探测器的芯片性能取得重大进展，方家熊带领团队进而又攻克了探测器的封装难题。为了确保可靠性，探测器需在高真空下排气 10 多天，夜间安排人员值班看守，定时观察、记录设备运行状态。从前一天下班至第二天上班结束，两张三抽屉桌拼成床，两本《红外》期刊合订本叠成枕头，方家熊在极其简陋的条件下夜以继日地工作；无以计数地加班，只为了使风云一号卫星那只“眼睛”拥有良好的视力。

方家熊在办公室留影

扬风帆，再起航

风云一号气象卫星首发以后，方家熊一面组织攻克风云二号高轨气象卫星需要的红外长波分裂窗、红外中波、水汽通道观测的多波段碲镉汞探测器的研制任务；一面积极承担国家重点预研任务——多元长波碲镉汞器件。他不满足于既定的型号任务，觉得应该多做点事情，把学科的基础做扎实，努力提高技术工艺水平，如此才能适应未来工程任务中更高的要求。“七五”期间多元长波碲镉汞的预研项目的目标只要求做出一个超过10元的线列器件，但他却和项目组的同志反复讨论决定，瞄准了当时的国际先进水平，把目标定为60元的单片器件。当时的国防科工委为了促进国内碲镉汞器件的研究形成竞争局面，决定开展同行研究所之间的比测。方家熊带领团队克服经费不足、设备条件差等因素，依靠自己的智慧和创造力，攻克技术难关。1989年，上海技物所交出了满意的答卷，成功研制出60元的器件，探测率达到3×10^{10} $cmH_2^{1/2}/W$，远优于国内同行的性能指标。

60元碲镉汞器件的成功研制，彰显了中国科技人员的攻关能力，国家为此也取消引进售价2000万美元的碲镉汞光导器件的生产线，国家“863—409”主题180元的碲镉汞器件研制任务也交给了上海技物所。这个项目要求碲镉汞器件探测率达到1×10^{11} $cmH_2^{1/2}/W$，要求甚高；当时，不少人表示怀疑，也没有信心，觉得根本不可能完成。方家熊详细分析了红外探测器的性能，认为经努力是可以实现目标的，同时提出了该项目必须突破的8项关键技术。他带领团队开展了艰苦的技术攻关，精神上的高压让他常常感到腿像灌了铅似的，拖也拖不动。经过几年的努力，长波碲镉汞材料工艺封装、测试都得到了大大提高，1994年就实现了180元探测器性能目标。以突破的关键技术为基础，随后的风云二号气象卫星、“921”载人航天工程中的神舟三号飞船，也都采用了方家熊团队自主研发的探测器组件。

进入21世纪，方家熊洞察国际发展方向、国内需求，提出了发展铟镓砷、氮化镓器件，拓展了上海技物所在光传感器的领域，现今都已取得了应用效果。

选国货，当自强

当年上级机关来上海技物所参观，看到方家熊及其团队所使用的设备和工作环境纷纷诧异不已：没有一台进口设备，竟然能制造出航天用的器件。在经费非常有限的情况下，如何把有限的经费用在刀刃上、解决卡脖子的问题是需要大智慧的，为此方家熊动足了脑子。光刻机、抛光机的优良与否对方家熊团队研制碲镉汞器件非常重要，但他仍选择使用国内的一些价格较低的设备来代替进口。方家熊选用了上海光学仪器厂生产的 7000 元的光刻机、江苏省如皋县（现如皋市）的一家乡镇企业生产的 3000 元的抛光机；一直到 1994 年才花了 7 万美元引进了第一台进口设备。就依靠这样简陋的设备，方家熊带领团队研制出 60 元、180 元线列以及风云一号、风云二号用的红外器件。

针对碲镉汞器件采用化学腐蚀、精度难以控制的问题，离子束刻蚀机成为他当时最紧缺的设备。进口的离子束刻蚀机的价格都是百万量级，购买会严重增加研究所的负担。为此，方家熊开展多方调研，获悉北京航天二院 23 所利用离子发动机的一个离子源，开发出了离子束刻蚀机。那时 23 所也在找用户，可国内不少单位不敢尝试，仍选择昂贵的进口设备。胆大心细的方家熊决定一试，先使用再购买，结果大获成功：60 元、180 元的碲镉汞器件都是在这台售价 15 万元的离子刻蚀机上完成的。现在科研经费相对宽裕，小到一把镊子、大到百千万的设备都可以进口，与今对照，方家熊常常感叹当时几年才能筹齐购买一台设备的资金，而每增加一台设备，他就可以解决一项技术瓶颈，或者将技术提高一个台阶，所以他非常珍惜每一次来之不易的机会。上海技物所物理室引进了傅里叶光谱仪，方家熊就提出使用该仪器来测试元器件的响应光谱，提高测试效率，代替老

1994 年，方家熊参加迎接风云二号试验队及部分家属活动

旧的干涉仪。他不光提出测试方案，还和物理室的同事完成了方案的实施，亲自抱着前置放大器到物理室，弄清测试原理、测试方法，利用好每一台设备。

亦良师，亦益友

方家熊一直以“本科毕业只是具备学习能力、硕士毕业要有独立做工作的能力、博士毕业要有独当一面的能力”这样的目标来要求学生们。他经常说：“做论文的目的不仅仅是完成一篇论文而毕业，更重要的是通过这些过程锻炼各方面的能力。”他特别强调动手能力，半导体工艺一定要自己去做，器件的测量一定要自己去测，并且要求学生们对用到的仪器设备以及所做的工艺细节都要了解，不仅要知其然，还要知其所以然。对于工作的意义，他常说：“我们是实实在在地做一些对国家有用的事情。”这些看似寻常的教诲，一直深深地印在学生们的脑海里，伴随着他们的工作和学习，不断给他们激励和指引。

方家熊不仅是学生们的良师，也是同事们的益友。当同事们向方家熊请教物理公式时，他从不照本宣科；他会从基本原理出发，推导这个公式是怎么得到的，一个个枯燥的公式在他的娓娓道来下也变得生动有趣了。他鼓励同事们在干中学、在干中提升水平、在干中获得效益。他支持同事们做“顶天立地”的事，“顶天”是要做一些原始性的创新，“立地”则是把国家的需求和自己的研究工作联系起来。他劝告同事们：“什么是科研？科研就是克服困难，解决问题，没有问题就不让你来了，有问题了我们科研人员才起作用了。纵观我们解决问题的过程，凡是不团结了，那个问题就解决不了，就要拖着；团结了，大家一起商量，想各种办法，那问题解决得就快。团队精神是客观需要的，无论是科研单位，还是企业。技术问题不等于简单的数学问题，不是一两个人蒙着头自己可以算出来的，技术问题往往会涉及几十条线、几十号人，一个节点不团结，整个系统就通顺

1993 年，方家熊（左）与毕业研究生合影

不了。”

斗转星移，曾经的少年因为获得小本子而兴奋不已，在跨越了半个世纪风雨后的今天，方家熊仍然保持着对国家任务、国家需求的高度关注，始终保持着对开拓创新的浓厚兴趣，始终保持着对技术问题的追根求源以及不断推动技术进步的极大的热情。

臻善　穷理　传薪火

——记褚君浩院士

褚君浩，半导体物理和器件专家，上海技物所研究员，复旦大学光电研究院院长。1945 年 3 月出生于江苏宜兴，1966 年毕业于上海师范学院物理系，1981 年和 1984 年先后获上海技物所硕士、博士学位。2005 年当选为中国科学院院士。褚君浩长期从事红外光电子材料和器件的研究，开展了用于红外探测器的窄禁带半导体碲镉汞（HgCdTe）和铁电薄膜的材料物理和器件研究。他提出了 HgCdTe 的禁带宽度等关系式；建立了研究窄禁带半导体 MIS 器件结构二维电子气子能带结构的理论模型；发现 HgCdTe 的基本光电跃迁特性，确定了材料器件的光电判别依据；开展铁电薄膜材料物理和非制冷红外探测器研究，研制成功 PZT 和 BST 铁电薄膜非制冷红外探测器并实现了热成像。近年来从事极化材料和器件以及太阳能电池技术研究。

“外国人说中国人不行，欧姆定律、法拉第定律，都是外国人的定律，怎么没有中国人的定律，中国人应该要争这口气……现在发现一些新材料，要做红外探测器，看看禁带宽度怎么样，那就要用我们的公式（CXT 公式）来算。”

年少求知，天马行空

褚君浩家中有一副诗句非常醒目：“千淘万漉虽辛苦，吹尽狂沙始到金。”这是书法家舒同先生于 1978 年 5 月，为褚君浩的父亲——我国著名的地理教育家、历史地理学家，中国地理学科奠基人——褚绍唐先生题赠的。这十四个字成为了褚君浩的座右铭：千淘万漉、吹尽狂沙，才能有所成就。

从小接受父亲的言传身教，褚君浩对世界充满探索的好奇。他小时候跟随在华东师范大学任教的父亲来到上海，在丽娃河畔恣意生长：爬树、游泳、滚草地……大人们都笑着说“皮”，可在大自然的玩耍中，褚君浩因探索而不知不觉发展了科学的潜能。在夜晚看月亮的时候，他一直对月亮上许多地方明暗不一感到好奇，五年级的时候他自己做了个简易版望远镜：将一张硬纸板卷成一个筒，两端分别放置一块镜片。通过这个小望远镜加上儿童丰富的想象力，褚君浩给自己讲了一个月亮上的生活故事。

小学时期，褚君浩就爱看《科学大众》等杂志，对学习更是充满了热情。书中深奥的理论对于褚君浩来说神秘而有趣，这令他如饥似渴地想将所有兴趣点作为猎物收入囊中。他不仅仅只是“读”，还将理论知识用到了生活中。当看到学校图书馆的书架上布满灰尘时，他想到了利用电风扇的转动原理来做个小吸尘器。虽然最后实验失败，但他从中亦获得了动手制作的快乐。

褚君浩真正学习物理是在初中的时候，在阅读了较为浅显的物理书籍后，他欣赏到了物理之美，此后一发不可收拾。至今，他还保留着少年时期就翻阅不止的大学教材：两本《原子物理学》，两本《分子物理学》。此外，他还养成了随时做笔记的习惯，除了常规的读书摘录，更有科学思考的一瞬火苗。出于对物理的热爱，1962 年填报高考志愿时他只填了物理系，而高考物理也是满分，可惜由于作文审题不当得分太低，没能考上最想去的复旦大学，进了第三志愿：上海师范学院物理系。

20 世纪 80 年代，褚君浩在实验室

勉力自学，深造自得

1966 年，褚君浩大学毕业，次年年底被分配至普陀区梅陇中学，开启十年教学生涯。在教学之余，他始终坚持物理研究，并在复旦大学物理系殷鹏程老师的指导下，结交了许多志趣相同的人并一起组织了一个关于基本粒子的讨论班，撰写了不少科普、自然辩证法方面内容的文章。

当时，著名材料学家严东生先生对褚君浩非常赏识，经常对他有所鼓励。1978 年我国恢复了研究生制度，中国科学院比高等学校早半年招研究生，严先生非常希望褚君浩考上海技物所的研究生，那里有汤定元先生和匡定波先生。为此，严先生特意写了推荐信，这无疑给了褚君浩莫大的鼓舞。于是他就自修半导体物理，最终以第二名的成绩如愿成为上海技物所第一届研究生，跟随汤先生研究窄禁带半导体红外光电子物理，并于 1984 年博士毕业，成为我国自主培养的第一位红外物理博士。

1982 年，褚君浩（右）和黄昆先生参加国际半导体物理会议

在硕士研究生毕业前夕，一个巨大的诱惑摆在了褚君浩面前，那就是去美国读博士，当时美国可以每年提供高达 2 万美元的奖学金，相比之下在国内读博只有每月人民币 80 多元，二者差距甚大。鉴于褚君浩研究的碲镉汞的红外吸收已颇具成效，汤先生便建议他留在国内读博。正巧当时有一个国际会议召开，褚君浩和著名科学家黄昆先生同行前往。到国外看了看后，褚君浩思虑良久，目前的工作不能半途而废，最终决定将工作与事业放在首位，留下来读博。令他没想到的是，汤先生竟把一道长期困扰着国内外半导体物理学界的世界级难题交给了他：做碲镉汞的本征光吸收研究。由于电子从价带到导带跃迁的本征吸收带，吸收系数很大，当时国际上没有测出来，因此是一个国际难题。褚君浩自然是有足够的志气和勇气去解决这个难题，但科学研究不能只凭借一腔热血。要测量很高的吸收系数，实验样品就必须非常薄，测量要非常灵敏，褚君浩自创了一种方法——圈胶法，将实验样品减薄到 10 微米、6 微米，最薄的样品可以到 2 微米。为了获得这样薄的样品，褚君浩做了几百遍的实验，实验样品达千片。就在这不厌其烦的实验中，褚君浩交出了完美的

答卷：不但发现了禁带半导体碲镉汞带间光跃迁本征吸收光谱，还提出了碲镉汞禁带宽度关系式，被国际学术界称为 CXT 公式，研究工作发表在 1982 年的《科学通报》和 1983 年的 *Applied Physics Letters* 上。文章发表以后震动学界，国际同行纷纷来向褚君浩要单行本。

系统把握，精确切入

提及如何做好科研工作，褚君浩强调了两点："任何工作和学习都要在系统性中找到切入点。"

研究生阶段，褚君浩在汤先生的引领下览望红外物理学，最终明确了自己的科研生涯方向，硕士研究生选定的研究方向正是碲镉汞材料研究，须知碲镉汞材料主要用于卫星搭载的红外对地观测仪器，其重要性不言而喻。每一次做研究前，褚君浩定会先将理论学得通透。有一回为了搞清楚理论，他花了两个月的时间，写了厚厚的两个笔记本，又在所内做了两次报告，每次报告三个小时；在整理笔记、做报告的过程中，他也就将理论内容理解得一清二楚了，然后才找到了研究的切入点。褚君浩回想起来，感慨道："任何工作，包括学习，要找到切入点，只有先把'解决好什么问题'想清楚，才可以把其他问题解决好。"

1986 年 3 月，褚君浩受洪堡基金会邀请，前往德国慕尼黑技术大学开展客座研究，在柯霍教授的实验室参与半导体二维电子项目研究工作。当时，该实验室有一个远红外激光器非常不稳定，工作时坚持不到 5 分钟，德国科研人员对此束手无策，严重影响实验进展。褚君浩一来便被委派解决这一难题，这令他激动之余不免有些紧张。挑战亦是机遇，他迅速调整心态，投入工作之中，竟在短短一周内就把仪器调节得能够稳定且连续地工作 8 个小时。柯霍教授大喜过望，自此，每当有人来实验室，他总会介绍褚君浩的工作，这让褚君浩再次感受到系统性与切入点的重要性。

德国的研究工作结束后，褚君浩毅然选择了回国，把在德国所做的窄禁带半导体二维电子气研究在国内继续开展下去。他在科研领域踏踏实实、一步一步前进，哪怕得到一个很小的进步，都会开心不已。在这方面，褚君浩建立了研究窄禁带半导体二维电子气子能带结构的理论模型和实验方法，发现碲镉汞表面二维电子特性与电子浓度自旋的关系及规律；并将这个结果交到了我国红

2004 年，褚君浩（中）与毕业的研究生合影

外物理界泰斗黄昆的手上，黄昆先生对此模型很肯定并给予了高度评价。

高纯度多晶硅是制造当今环保能源太阳能电池的原材料，长期以来中国的高纯度多晶硅一直依赖进口，而进口的多晶硅普遍采用西门子化学法进行提纯，能耗大且不环保。面对世界能源日益紧张问题，褚君浩深感责任重大，他另辟蹊径用物理的方法提纯多晶硅。2004 年起，褚君浩带领团队成功生产出纯度高达 5 个 N（99.999%）的太阳能电池硅产品；而该提纯法的电耗、水耗分别只有西门子化学法的三分之一和十分之一。这一研究成果一举打破了他国的垄断，为我国自主发展太阳能产业开辟了新的途径。

关注民生，心系科普

褚君浩在实验室研究外，很是关心社会发展技术，积极融入时代的潮流。早在 2010 年上海世博会召开前，褚君浩就“低碳世博”建议发挥科技优势，利用核心技术发展低碳经济，相关报告被批示为“可供参考”。同年，在上海市政府参事室主办的论坛上，他做了“科技创新促进上海低碳经济发展”的主题演讲，强调“新技术是种子，政策是土壤”，号召关注新技术的生长环境，特别是政策环境，这一演讲引起高度重视，随后，上海市公共租赁房屋政策开始酝酿、出台。

2012 年，褚君浩与郭雷、杨振宁、李未合影（右起）

2003 年起，褚君浩先后

当选为第十届、第十一届全国人大代表，他时刻关注民生，充分发挥能动性提建议，比如修改电力法、关注能源问题、化解光伏困境等。褚君浩在参与了九三学社组织的一次调查后，直指科研领域存在的立项难、结题易的弊端，向人大会议提出科技立法的议案，引起了高度的重视。而在一次全国人大会议上讨论政府工作报告时，提及太阳能产能过剩，国家要降低太阳能产能。褚君浩对这个看法有新的见解，但经媒体的报道，传至网络成了“褚君浩院士不同意总理报告对新能源的提法”。亲朋好友打电话劝说，褚君浩对误解甚至谣言一片坦然：“开会是在审议报告，我从专业角度认为报告有地方要修改，我就提出建议。”后来褚君浩修改的建议被政府工作报告采纳了。

褚君浩积极推动科普的发展。他曾会同百余名全国人大代表和政协委员联名致信《中国科学报》，呼吁全社会加大科普宣传力度、提升科普工作者地位，引发两会热议。不仅仅是呼吁，褚君浩还发表了一百余篇科普文章，出版《黑暗中的半壁江山——红外》一书，参与编写第六版《十万个为什么》，担任《能源与环境》分册的主编，参与编写了 18 套“科学家庭”系列小型科普图册，主编了“战略性新兴产业科普丛书”8 册、“科学起跑线丛书”8 册、“人工智能前沿科学丛书”5 册。所以有人说褚君浩是“心系科普的院士”。

褚君浩曾受邀给母校华东师大附小的学生们谈话，之后，学校校长寄信来，其中说道：“褚君浩保持了纯洁的童心，热爱科学的初心，为大众科普的热心，对事业的爱心，努力工作的决心。”这正是对褚君浩的科普活动最大的认可。更有人赞誉褚君浩是“投身科技创新，推动科技发展，成就卓越，有胆识有突破；普及科学知识，弘扬科学精神，知行合一，有技有艺有创新；传播科学思想，倡导科学方法，著书立说，立德立行立功业；不愧为热心科普的院士，出新意于法度之中，寄妙理于豪放之外，为科技强国引领社会风尚，奠定社会基础。”对此，褚君浩谦虚地说：“对我评价过高了，是鼓励、鞭策吧，为科技强国引领社会风尚，的确是我的理想。科技创新不仅靠金字塔顶部精英团队的创造，更需要一个宽广坚实的基座、

2019 年，褚君浩给小学生做科普报告介绍红外探测器

大地，否则，这个金字塔就失去了坚实基础和存在价值。”

年过古稀的褚君浩仍然清晰地记得自己童年时已与科学结缘。如今，他常常勉励青年人，要像小草一样，不断汲取外界养料，培养随遇、谦和、顽强的品质，修炼勤奋、好奇、渐进、远志的内在素养，追求自己的人生目标。

谋变　务实　创效益

——记严义埙研究员

严义埙，薄膜光学专家，上海技物所研究员。1939年生于上海市，1962年毕业于清华大学无线电系电子器件专业，同年考取中国科学院电子研究所微波电子学专业研究生。1967年毕业后到上海技物所工作，1981年2月至1985年12月任该所第八研究室主任，1991年12月至1996年6月任该所所长；1992年12月至2000年11月任中国科学院副院长。严义埙开拓与发展了我国的红外光学薄膜技术、红外光学薄膜的空间工程应用及产业化，科研成果多次获国家、省部级奖。1986年荣获中华全国总工会授予的全国"优秀科技工作者"称号和"五一"劳动奖章。1990年获得第二届全国科技实业家创业银奖。1990年度被人事部授予国家级"有突出贡献的中青年专家"称号，1991年在上海市第二届科技精英评奖中，被评为十名"科技精英"之一。

严义埙长期从事光学薄膜技术的攻关工作。多年的学术积累使他具备扎实的理论和技术功底，也让他对工作有了更多思考。20世纪70年代，受计算设备和技术的制约，国内滤光片设计存在较大的计算难题，严义埙和同事在查阅大量国外文献的基础上，在国内较早地引入了等效折射率的理论，成功地解决了多层膜的设计难题。

不惑之年，从"新"出发

1979年，怀着对"科学的春天"的憧憬，作为我国首批为数不多的洪堡基金获得者，严义埙登上了飞往德国斯图加特的飞机，开始了德国马普固体研究所的两年访学之旅。留德期间，严义埙的研究内容由光学薄膜技术转为光纤技术。对于不惑之年的严义埙而言，新的环境，新的研究方向，新的研究团队，一切都要重新开始。但是与同期的其他国内学者一样，对国际前沿新知识的渴望和对国际顶尖学术机构的仰慕，让严义埙不放过任何求教和实践的机会，正视差距，努力补齐短板。访学期间，严义埙发表了四篇有价值的学术论文，受到国际同行专家的高度评价和称赞。

人到四十，岁月留痕，虽言不惑，却又难言归心何处。但是对于经历过“文化大革命”动荡的严义埙，这个问题显然不用思考。1981 年访学期一结束，严义埙便立刻踏上归国的航班，开始了全新的报国之路。严义勋在德期间的研究方向为光纤技术，刚回国，便有一家国内光纤技术研究机构向他抛来了橄榄枝，希望他过去主持开展相关技术攻关工作，但是严义埙谢绝了对方的邀请。回上海技物所后，严义埙继续钻研红外薄膜光学领域的技术研发，深入地研究了红外薄膜材料，从“设计—过程监控—测量—材料”四个维度对红外光学薄膜技术进行了系统性的优化，使上海技物所研制的红外滤光片达到了世界先进水平。

1988 年，严义埙（中）在给研究生讲解

严义埙和团队自主设计开发了光学镀膜过程监控设备，系统地研究了高精度红外镀膜监控方法与技术，有效地解决了我国红外光学薄膜元件长期存在的质量与成品率不高的问题。在红外波段用的高折射率材料、镀膜工艺提制技术与装备、镀膜层的提制精度、膜层光学特性的参数测量等方面有重大研究成果。在国际上首创了富碲“软性”碲化铅镀膜材料的理论和镀膜工艺，相关技术得到国内外同行的认可。1988 年，严义埙在美国光学学会主办的国际薄膜会上就红外光学薄膜做了特邀报告，获得了与会者的好评。他还主持研制具有国际先进水平的窄带、超窄带系列红外滤光片，为我国气象卫星遥感技术的发展解决了分光技术的关键问题。

成果转化，创新创效

1996 年，严义埙（左二）向气象局汇报工作

严义埙是中国科学院系统较早实践以商业化思维解决高科技成果产业化问题的专家之一。严义埙非常重视企业化思维在科技成果转化中的应用，强调科技成果的综合效益转化的重要性，他始终坚持：没有效益的技术创新成果的意义是不大的。1986 年，在他的牵头下，中日合资企业上海尼赛拉传感器有限公司成立了，这是当时少有的中方以技术入股的科技型合资企业，其中中方投入的便是严义埙团队攻关的红外滤光片技术。在合作谈判过程中，严义埙团队心中并非成竹在胸，当时上海技物所持有的红外滤光片技术还未完全成熟，团队成员拿不准是否能够实现量产。为了实现合作谈判，那段时间严义埙和团队成员通宵达旦地扑在技术攻关一线，最终拿下了 6.5 微米窄带滤光片量产技术，解决了成批次量产和可靠性问题，实现了成果的效益转化。

1992 年，严义埙升任中国科学院副院长，工作重心由技术攻关转向科技管理，主要负责科技成果转移转化工作。角色的转变，让严义埙对创新效益的问题有了更进一步的思考。他认为：不管是知识创新还是技术创新，一般都必须有生命力；从研究到产业到市场这样一条创新链，有了研究成果没有产业不行，有了产业没有市场更不行，这是一环扣一环的链条，创新工程必须成为这个链条的一部分，而且是有优势和有竞争力的。因此他非常重视院属科研单元的成果转化工作，并以实际行动支持相关企业开展业务创新。他和周光召两个人亲自去中国银行，以中国科学院的名义担保，以联想股票抵押，获取中国银行的贷款和特别支持，解决了联想集团因投资不善陷入的经营困境问题。

2003 年，严义埙从中国科学院副院长职位上卸任后，成为全国人大财政经济委员会副主任委员，并担任科技型中小企业技术创新基金主任委员。因为他既是上海尼赛拉传感器有限公司这段中外合作的亲身经历者，又是中国科学院知识创新工程的倡导和实践者，所以他格外重视中小企业的技术创新工作，重视技术创业，重视培养技术创业企业家；任职期间，他通过引导和示范，吸引和带动各

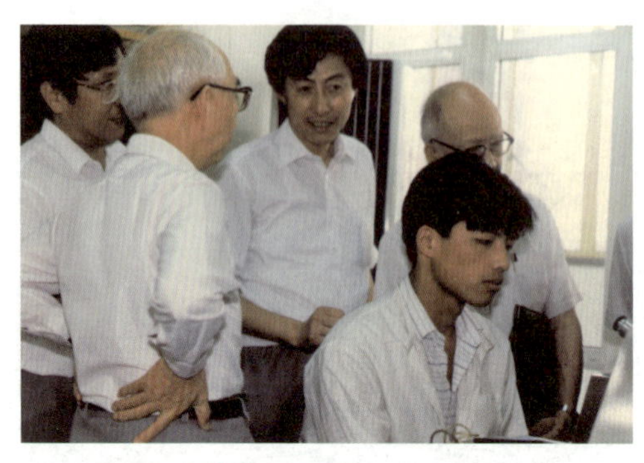

严义埙（前排右一）陪同检查产业工作

2001 年，严义埙参加上海尼赛拉公司活动

级政府、金融机构加强对科技型中小企业创新活动的关注和支持，带动符合市场经济规律、服务于科技型中小企业技术创新的投融资体系的建立，缓解科技型中小企业融资困难的状况。

科教结合，协同育人

作为一名薄膜光学专家，严义埙在工作中还有教书育人这一重要部分。严义埙的育人理念与上海技物所实干见物的所风一样，强调对人的实践能力的培塑，此外，严义埙育人格外强调因材施教。在第一代大气垂直探测仪窄带滤光片研制过程中，相关的工艺技术人员十分缺乏，严义埙与王模昌等系统专家主动承担起了相关工艺技术人员的选材工作，针对性地设计了培养内容，亲自指导工艺操作规划，培养出了一批一线工匠。在指导研究生方面，严义埙也是格外强调踏实做事的品行培塑，他指导的学生并不多，但是每一个都是所在领域的业务骨干。有的学生继承了严义埙“做一行成一行”的实干精神，毕业工作后，先后做过人事、质量、研发、市场等各种岗位，但不论是哪个岗位，都能遵循着严义埙老师的教导，坚持实干见物。有的学生时刻践行着导师“技术转化增效”的思考，在经过国外多家光学领域的高科技公司技术攻关负责人岗位历练后，2014 年回国进入宁波永新光学股份有限公司开启科技创业实践。

严义埙每当看到科技人员外流，心情就难以平静。他一针见血地指出：“科技人员的走与留不是一个单纯的经济问题，有关部门应为科技人员创造一个良好的工作环境，让科技人员充分施展自己的聪明才智，并使其得到社会的尊重与承认。”他动情地说：“有才能的科技人员跑到发达国家去混日子是容易的，个人生活可以过得很好，可是所做的工作要得到所在国的认可就很难了，在异国土地上的中国人，往往心理难以平衡，如果国内的政策对科技人员有吸引力，据我所知，在国外的游子许多是会回来的。”严义埙有决心让更多的年轻人走上学术带头人的行列。“我所能干的，就是感应他们的心灵，关心他们想些什么，需要些什么。作为全国人大代表，可以起好政府与科技界之间的桥梁作用。”而作为第七、八、九、十届全国人大科技界的代表，严义埙时刻践行“人大代表人民选，人大代表为人民”，他将人大代表工作与科技事业发展相结合，积极对科技管理过程中的经验教训和调研材料进行及时总结，并撰写系统性的科研发展建议。作为一位留学归国人，严义埙非常重视科技人才队伍的培养工作，提出技术创新中专业型职业管理人才队伍的建设，促进科技成果转移转化。他相信：功以才成，业由才广。一切创新成果都是人做出来的，硬实力、软实力，归根到底要靠人才实力。

1986 年，严义埙在实验室留影

三个"关键词"

上海技物所的科研人员，都是在黑暗中寻找光明的人。尽管我们眼中的世界五彩斑斓，但是肉眼能够识别的波段只是冰山一角。我所在的红外成像材料与器件研究中心，就是打造"看清黑暗的慧眼"——红外探测芯片——的重要研究基地。自进所至今，我也一直从事红外探测材料与器件的研制工作；作为上海技物所土生土长的年轻科研人员，在所里"实干见物"的影响下不断成长，在老一辈科学家的熏陶下不断提升自己，我想用三个关键词来表达我的深切感受。

第一个词：传承。

我来所里读书，其实跟两位老先生有些关系。我刚进大学的时候，有位室友是江苏金坛人，逢人便说："我们家乡有两位大牛，一位是华罗庚先生，一位是汤定元先生。"到大四保研的时候，我有选择中国科学院的机会，有一天查到上海技物所，看到研究所的历史介绍中提到了室友口中的大牛——汤定元先生，一下子激发了极大的好感度，于是更多了解了上海技物所，更多了解了红外，了解到先生如何从无到有奠定了我国红外事业的基础，如何致信聂帅争取国家的重视和支持，于是，就决定来面试看看。面试的当天中午，第一次到所里食堂吃饭，当时的研究生部老师指了指前方一位正在吃饭的先生说：这是褚君浩院士。这是我第一次如此近距离跟一位院士一起吃饭，感觉他特别接地气，于是也坚定了来所里读研的决心。

在老一辈科学家身上，我们年轻一代还看到了不断学习和开拓的精神。汤先生在芝加哥大学的时候，研究的是高压物理；回国后，为了解决国家的重大需求，重新开拓了国内红外物理新的领域；1978 年后，先生近花甲之年，预计到碲镉汞红外探测器的重要性，又带领一个科研群体，进行了全新且系统的研究，取得了一系列重大的成果。对于一个从事科研工作的青年，任何时候保持学习的心态，保持对知识的渴望，敢于开拓创新，勇于挑战自我，我想这也是老一辈科学家们所希望的传承。

无论多少艰辛险阻，科学家们唯一惦念的，是能为祖国、为科学做有意义的事。有一位朋友跟我说过一句话我特别喜欢：在一个繁华得有点浮夸的时代里始终保持一种定力，这就是科学家精神的力量，也需要我们一代一代传承下去。

第二个词：使命。

除了传承老一辈科学家的精神，我们年轻的科学人应该有更多的使命担当。一方面，在中美博弈的今天，中国科学院一直强调，我们是“国家人”，必须心系“国家事”，肩扛“国家责”。对于中国科学院的年轻一代，我们更应该主动担当、勇挑重担，做国家需要的科研，在人民需要的地方，作出有竞争力的贡献。我们的工作做得越好，祖国就越强大；同样，祖国越强大，我们的腰杆就越直。

同时，年轻一代还要担当更多的社会责任。我记得潘建伟院士曾经讲过，他在阿尔卑斯山旅游的时候碰到一对国外友人，让他惊讶的是，两位非科研工作的老人可以跟他聊相当专业的量子力学。相比而言，我曾经做过一次小调查，大部分人都看过新闻联播后面的天气预报，但知道风云气象卫星的并不多，让人遗憾……我们青年科学人应该用科学去影响我们周围的人，推动社会整体科学素养的提升。我相信，一个国家的国民如果对科学更感兴趣，具有良好的科学素养和一定的科学思维能力，不论他们是否从事科研工作，都将为社会带来巨大的生产力。

第三个词：期待。

祖国的科学事业从百废待兴发展至今，各方面的科研条件和生活水平已今非昔比，与此同时悄然改变的还有人们的思想观念。如今孩子们口中谈论最多的是“鲜肉”“小花”，同学聚会讨论更多的是房子、股票。莫言的诺贝尔奖金不足某演员一部戏的片酬的二十分之一，被调侃在北京买不起半套房；当年屠呦呦的诺贝尔奖新闻头条抢不过“晓明和 baby”的婚礼。我想为还坚守在科研一线的年轻人点赞，也期待他们能有更好的环境。我期待，能有更多的优惠政策给年轻科研人员，给予他们更多的尊重和机会，解决一些后顾之忧，让他们可以心无旁骛地把科研工作做好；我也期待，党中央国务院给科研人员减负的要求能一层层执行下来变为现实，年轻的科研人员可以把更多的时间投入到真正的科研中，科研经费的支持可以更多往“人”上面倾斜，让从事科研工作的年轻人的梦想与现实可以更加相得益彰；我还期待，本就应该拥有好奇心和质疑精神的孩子们，可以更加热爱科学，问出十万个“为什么”，成为能够独立思考、科学分辨是非的人；我更期待，社会中可以形成尊重科学、热爱科学的氛围，科学人和整个社会共同努力，少一些急功近利，多一些容错机制，真正实现更多原创性的科研工作，为中华民族的伟大复兴贡献科学的力量。

我相信，在我们党高度重视科技创新，把科技创新摆在国家发展全局的核心位置，战略谋划和部署实施力度前所未有的今天，我的期待，一定能够实现。

（周易，男，1986年生，理学博士，上海技物所研究员，博士生导师，入选国家优青、中国科协青年人才托举工程、上海市启明星和中国科学院青促会优秀会员。主要从事量子结构超晶格红外探测器材料与器件方面的研究工作，承担173基础加强重点项目、国家科委主题项目等课题的研究，在国际期刊或会议发表论文40余篇。）

第三篇章

辉煌就

国际上，在两维二代焦平面探测器应用牵引下，分子束外延、MEMS 等技术快速发展，CMOS 混成优化读出技术的突破，推动了光子型红外焦平面规模接近于摩尔定律倍增速度发展。EOS 计划中的 Terra、Aqua、LandSat-7 等一批服务于地球观测的卫星发射成功，一批先进的红外有效载荷性能得到有效验证，并成功应用于后续气象业务卫星。红外技术在各类空间任务中得到广泛应用，其探测能力反映了一个国家的科技和经济实力。

1998 年至 2014 年，上海技物所在创新实践中坚持基于一代核心探测器的研发，推进一代红外系统应用的滚动发展，保持以航天有效载荷为主，航空红外遥感、国防装备应用同步发展的格局，服务于国家安全建设、环境监测等领域，取得了一批满足国家战略需求的具有重要显示度的创新成果。辉煌天地间，不畏艰难、团结精进、厚积薄发、追求卓越的品格，在传承中强化为研究所诸多创新团队的优秀品质和决胜基因。

协作 攀登 巡苍穹

——记载人航天工程任务研制团队

上海技物所载人航天工程任务研制团队为一期工程无人飞船研制了多项空间科学试验装置和对地观测新仪器；为二期工程天宫一号、天宫二号飞行器研制对地观测新仪器、量子通信试验装置和高等植物培养箱等，为航天员出舱活动与空间交会研制了照明器，为伴飞小卫星研制小型可见光相机；目前，三期工程的空间站应用系列任务正在紧锣密鼓地推进。团队曾荣获国家科技进步奖特等奖、二等奖等多项奖项。

酒泉卫星发射中心，一颗镶嵌在戈壁沙漠的熠熠明珠，半个多世纪以来，这里成功发射了中国制造的第一枚地地导弹、第一颗返回式卫星、第一枚远程运载火箭……瀚宇泊神舟，天宫耀苍穹，我国载人航天工程的壮丽画卷，正在此处徐徐展开。上海技物所曾经和正在参与这项伟大事业的人们创造了非凡的业绩，他们的精神昭示了一条自主创新的道路，攀登前人没有征服过的科学技术高峰，不断引领我们战胜前进道路上的艰难险阻，在新时代新征程上勇往直前！

一次不同寻常的任务

1992 年 1 月，郑亲波奉命赶赴北京，作为主持参与过国家 863 计划空间对地观测、空间生物科学试验等多个项目的专家，他感到这次任务非同寻常：出发前不知事由，到了北京才知晓是参加我国的载人航天工程的技术和经济可行性论证，项目密级很高，讨论的所有内容绝不可外泄。此后的几个月，7 个论证专家组确定了我国载人航天工程“三步走”的总体目标和7大系统的构建，并初步完成了神舟一号到神舟五号的整体构造和相应的载荷配置方案。1992年9月21日，载人航天工程（代号：“921”工程）被正式批准，它汇集了世界最顶尖的高新技术，具有极高的风险性和挑战性。

回忆起那些年那些事，郑亲波印象最深刻的，是神舟三号中分辨率成像光谱仪的研制历程。这是我国首个航天飞行成功的中分辨率成像光谱仪，该仪器研制的目标是追赶美国当时计划于90年代末期发射的地球观测系统（EOS）中大型空间遥感仪器——MODIS成像光谱仪。

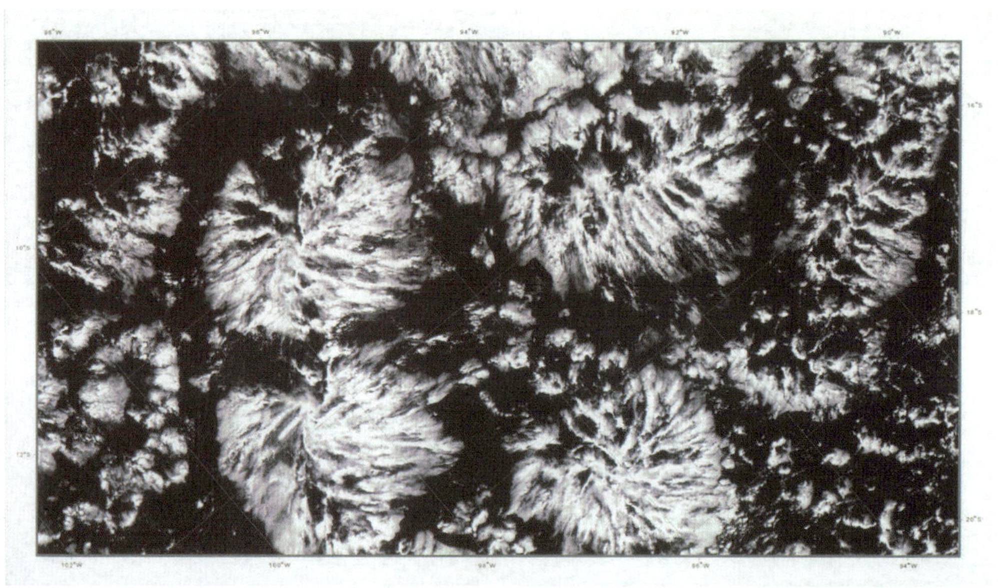

菊花状对流云图（2002年6月14日）

20世纪80年代，国外成像光谱技术迅猛发展，一种“图谱合一”的新型地球观测手段引起世界各国的关注。早在国家863计划的支持下，上海技物所就开始进行航空和航天载成像光谱仪概念性研究。直至2002年3月神舟三号飞船发射，为真正实现这一先进光学载荷在我国航天领域的首次应用，研制团队付出了无数个日夜的艰苦卓绝的努力。

1994年，神舟三号飞船第一次系统联调，原本在上海实验室里经过反复测试一切正常的设备，出乎意料地在联调中出现了明显的信号干扰问题。这些问题现在看来不过是电路布线问题，强信号和弱信号没有分开，然而在当时，大家都没有经验，如何快速排除干扰把噪声降下来成了十分棘手的问题。团队尝试了很多方法，每一次都能看见希望，但是稍一转变状态就失败了。郑亲波的专业是光学，并不擅长电子学，眼看着团队成员都没有信心了，作为领队便主动挑起担子，也因此深刻体会到排除干扰降低噪声是遥感系统设计的一项永恒而艰巨的工作。

除了信号干扰，研制团队在那几年里还依次解决了扫描机构与步进细分驱动、非球面光学成像与光栅组合分光、磁屏蔽等一系列问题，尤其是自主研制成功了碲镉汞红外焦平面器件和新型斯特林制冷机等关键组部件，终于使船载中分辨率成像光谱仪初样成功研制并在 1999 年完成校飞试验。其间于 1993 年亦成功校飞了“863”机载中分辨率成像光谱仪样机。2001 年的国庆和 2002 年的春节，郑亲波带领团队在基地度过；可能是怕过节散了心，基地里没有浓厚的节日气氛，每一天都是再普通不过的工作日。

2002 年 3 月 25 日神舟三号飞船升空，中分辨率成像光谱仪经海洋局国家卫星海洋应用中心为主的神三应用系统的在轨测试和试用，证明其主要性能与美国 1999 年发射的 MODIS 相当，不仅具有可见光连续光谱，还有红外波段，比 MODIS 高一筹。“最难时刻顶得住、关键时刻拿得出”的科研团队获得了用户的高度认可，郑亲波说：“人的一生干点事情，时光没有虚度，自己回过头来看，这些事，我参加过，就足够了。”

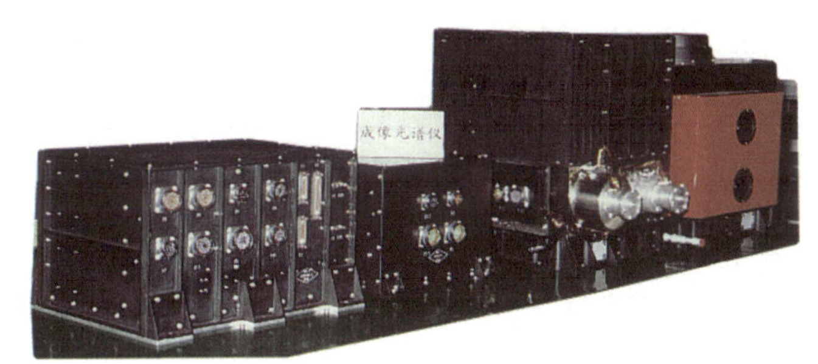

神舟三号中分辨率成像光谱仪

“活着”最重要

1987 年，国家 863 计划航天领域设立空间站及其应用专家组，在论证的同时，先期安排在返回式卫星上搭载科学试验项目。1990 年，卫星搭载蛋白质晶体生长科学试验立项，上海技物所研制空间蛋白质晶体生长装置和细胞培养装置。1996 年，这些装置搭载于尖兵一号乙卫星进行试验并取得圆满成功，这是我国首个取得成功的空间科学试验项目。

随后，刘学明等先后研制了神舟飞船的空间晶体生长观察装置、空间通用生物培养箱、空间细胞生物反应器、空间细胞电融合仪等多项科学实验装置，并在神舟二号、三号、四号无人飞船中成功进行了空间科学试验。在这些成功试验的基础上，载人航天空间科学应用总体部组织中国科学院技物所与生命生态生物、材料科学等多个研究所和大学院校合作，进一步开展在神舟飞船、天舟飞船和空间站上的空间科学试验。

张涛全程参与了载人航天工程系列空间生命科学仪器的研制工作。与对地观测设备的研制要求不同，空间生命科学仪器兼具航天仪器和生命仪器两种属性，为了保障太空生命科学实验的开展，小到细胞、微生物，大到植株、生命体，保证生物样品的存活是最重要的。

张涛的团队有一个极为特殊的地方。他们需要先将生物学家对实验开展的科学要求转换成工程技术人员能够理解的物理或者工程“语言”，实现工程化功能后再将其转译成生物学家理解的“语言”，向他们解释团队如何保障生物样品的存活和实验的开展。也因此，临近发射前的样品安装工作让团队十分紧张。有一次，生物学家需要在即将发射升空的仪器中对细胞样品加载两种不同的液体——融合液和培养液。这类操作在地面实验室中很容易完成，然而在发射当天，即便有一岗二岗两个岗位，即便样品标签清晰醒目，在加载完成后，操作人员由于过于紧张无法确认加载液体顺序是否正确。按原定计划，加载完样品后只预留10～20分钟的检查时间，就要紧锣密鼓地进行下一步操作，才能保证后续任务。作为生物样品装载的现场指挥，张涛几乎需要在瞬间做出艰难的抉择：换不换样品？为确保任务成功，他当机立断要更换新样品。此时，设计时预留的一套专用于快速抽取样品的电机系统发挥了重要作用，更换过程非常迅速，最终任务取得了圆满成功。

还有一次发射任务前，在技术厂房的张涛接到了一个紧急电话：在整星上安装培养箱时压到了旁边测温热敏电阻的导线管，若置之不理，会存在不可预知的风险；若松开箱盖，箱内的二氧化碳保护气体会泄漏，导致任务失败。张涛立即乘坐转运车登上塔架，仔细观察情况后，多年的经验和直觉告诉他，如果将箱盖螺钉松开1～2圈，密封圈不会漏气，又能将热敏电阻导线取出，他果断做出判断，并承诺如果造成不良后果，他来承担。不出他所料，险情被顺利排除了，培养箱飞行实验也圆满成功。

2002 年 12 月 30 日，神舟四号无人飞船发射升空并成功进入预定轨道。正当大家都在接受李鹏总理接见的时候，张涛一个人守在发射场测试大厅，他在等待一个重要的数据，只要测到它，任务就成功了大半。许久，北京测控中心的电话终于来了，已经测到信号了，表明生物样本“活着”！虽然错过了总理的接见，但任务成功的欢喜，他至今难以忘怀。

2021 年，空间生命科学实验仪器研制团队合影

不卑不亢，玉汝于成

高分辨红外相机是航天遥感的重要组成部分，也是重要的应用。载人航天工程二步一阶段试验项目论证提出了天宫一号验证高分辨率红外推扫成像技术的构想，并要实现 10 米级地面像元分辨率的目标。这时，刚博士毕业留所的傅雨田、刘晓华等勇挑重担。傅雨田师从龚惠兴院士，攻读硕士、博士期间就一直从事长波红外成像技术研究，虽有一定的红外研究和工程经历，但没有独立承担重大项目的经验，立项之初承受了不言而喻的压力。刘晓华回忆说：“当时我们是憋着一口气的，就想着一定要把相机做好”。

通过初步调研，项目团队逐渐意识到任务之艰苦、难度之大。难点一是光机结构，606 毫米光学口径红外光学系统当时在国内还没有，团队特地设计制作了一个同比例的演示样机验证设计方案。难点二是电子学，经验丰富的老同志无私地传帮带，年轻的团队很快掌握了要领。样机验证的成功，使得团队心里开始有了底。相机最核心的部件长波红外探测器是第二个难点，当时，国内在红外探测器研制上与国外存在很大差距，一个个技术和工程难题摆在眼前。样品 1、样品 2、样品 3……一直到样品 15，不仅仅是为了满足任务书指标要求，更是为了研制出性能最优的探测器，大家废寝忘食，精益求精。直至今日，探测器研制团队负责人丁瑞军午饭时啃着馒头，低头苦思冥想的画面仍深深印在每个团队成员的

天宫一号红外相机红外通道获取的汕头港夜间成像全景

脑海。经过多年钻研，突破重重阻碍，相机的正样终于研制成功了！

正样通过了一系列可靠性试验，正当团队满心欢喜时，意外发生了。在最后一个试验中，一块进口的电源模块突然出现了故障，此时距离原定的正样交付时间只剩一个月了。为了确保相机上天不留任何隐患，团队如实将问题上报给了总体部，同时对电源开展全面排查，结果发现整一批次的质量都不合格。关键时刻，全所上下直面问题，同心协力，重新布板、采购、安装、测试，各个小组通力合作，日夜赶工，在一个月时间里完成了正常情况下几个月的工作量。重压之下，多名团队成员的身体出现了各种问题，但是谁也没有轻言放弃。成员胡金叶因工作长期与丈夫孩子两地分居，早已萌生了离职的想法。但在项目最艰难最关键的时刻，她选择留下来，顶住压力，坚持到底。深夜时，一边是不堪重负的任务压力，一边是对亲人日夜加深的思念，她时常独自落泪。直到天宫一号顺利升空，相机在轨工作正常，她才提出了离职。

2011 年 9 月 29 日，红外相机随天宫一号飞行器发射升空，相机各项功能表现出色，是我国高分辨率红外成像技术的重要突破，这款相机的成功为后续同类仪器研制奠定了坚实的技术基础。

付出多少代价，都值得

2016 年 9 月，天宫二号多角度宽波段成像仪作为国内首个在轨运行的多角度偏振成像仪器，在国内率先实现了多角度光学偏振遥感技术新体制，填补了我国天基多角度光学偏振成像的空白。这一成绩来自将近 10 年的研制历程，研制团队克服重重阻碍，谱写了一曲关于团结、创新、合作、共进的赞歌。

2012 年，对于天宫二号多角度偏振项目组来说，必定是不平凡和难忘的一年。彼时，马上交付初样鉴定级产品的紧迫正与啃下“偏振定标”这块硬骨头的压力紧密交织。船迟又遇打头风，在交付初样产品前的关键时期，项目机械结构主管和技术负责人先后离职，给团队带来重大打击，一时间，研制工作陷入了质量和进度困窘的境地。

2016 年，天宫二号多角度宽波段成像仪开展航空校飞

在研究所的统一部署下，由当时负责风云三号 03 星红外分光计研制任务的殷德奎兼任天宫二号多角度偏振项目组负责人。同时，及时调整和充实研制队伍，组成了老中青结合、专业配套的攻关梯队，研究力量不降反升。团队很快就重振旗鼓，大家团结一心向着研制目标发起了冲刺。那个时期可以经常看到的是，实验室彻夜不熄的灯光，节假日忙碌的身影，更能看到项目研究成果的一个个出现：广角非球面透镜和严格约束下的小型驱动电机等关键零部件加工完成，各组件和系统装配完成，仪器测试和试验完成，定标方案确立和定标设备组建。不到 3 个月，团队按计划完成初样鉴定级产品装配，并通过了初样研制总结评审。

初样研制中的风雨洗礼锻炼了团队的凝聚力。2015 年 10 月至 11 月，项目组成员自我加压，为确保产品性能在山东沿海进行了初样鉴定级产品的航空飞行试验。其间共计飞行了 4 架次 17 小时，试验用飞机体型小，飞行时会剧烈颠簸而导致机上操作人员极度眩晕和呕吐，想要站稳都很难，及时判断和操作设备的难度陡增。不止如此，飞机上的温度、湿度、振动等条件差，对仪器和产品的安全性还会带来威胁。危峻、殷德奎分别作为技术负责人制定试验方案，与技术骨干一起上机操作，项目指挥丁雷也到现场参与试验并压阵，大家齐心协力，终于获得了宝贵的对地观测数据。试验成功检验了仪器对陆地、水体、云和洋面太阳耀斑等探测能力和可靠性，演练了观测数据处理流程，为在轨飞行测试与应用奠定了技术基础。

2016 年，迎着初夏的朝阳，天宫二号空间应用系统试验队出发了，奔赴大漠戈壁，去往最后一个阵地——发射场。在出发前的动员和集中培训中，试验

2008 年 4 月 21 日，载人航天工程总师等调研上海技物所

队员聆听和领会着总师和各位专家的讲解，从重要意义到过程控制，从地面测试到在轨运控，每位新老队员传递着周总理的教诲——“严肃认真、周到细致、稳妥可靠、万无一失”。

扑面而来的骄阳和干燥，炙烤着大家的意志；进入弱水河畔、胡杨林顽强生存的发射场，更让人强烈感受到几代航天人的不懈努力和卓越成就。天宫二号发射的那天正值中秋节，当冲天火光与圆月交相辉映，当火箭轰鸣声与欢呼声响彻酒泉，大家都有一种油然而生的成就感：无论努力多少年，付出多少代价，都是值得的。

当前，我国天宫空间站问天实验舱中，配置了研究所研制的生命生态科学实验系统和生物技术科学实验系统，将在未来 10 年里持续支持在空间特殊环境下开展多类型、规模化、系统性的生命科学实验和研究；“梦天”实验舱中，将配置高精度时频科学试验系统，开展基础科学前沿研究和深空时频基准应用研究。

载人航天事业的成就，充分展示了伟大的中国道路、中国精神、中国力量。在长期的奋斗中，参与过这项事业的人们不仅创造了非凡的业绩，还铸就了特别能吃苦、特别能战斗、特别能攻关、特别能奉献的载人航天精神。他们的精神昭示了一条自主创新的道路，攀登前人没有征服过的科学技术高峰，不断引领我们战胜前进道路上的艰难险阻，在新时代中国特色社会主义新征程上勇往直前！

锐意　拔萃　促兴邦

——记风云三号气象卫星有效载荷研制团队

上海技物所风云三号卫星载荷研制团队，为系列卫星研发了多种自主可控的气象探测光学主载荷和单机，包括扫描辐射计、红外分光计、中分辨率光谱成像仪、红外高光谱大气探测仪、地球辐射探测仪、红外地平仪等。其中，风云三号D星中分辨率成像光谱仪是世界首台可获取全球250米分辨率红外分裂窗区资料成像的载荷，红外高光谱大气探测仪实现了极轨气象卫星的高精度三维探测，两者为精确解开中长期“天气方程”提供了全球独家数据。团队曾荣获国家科技进步奖二等奖，中国科学院杰出科技成就奖，上海市科技进步奖一等奖、二等奖等多项奖项。

我国自1990年起即开始论证风云三号系列气象卫星的需求和技术要求，第二代极轨气象卫星承载着我国积极参与应对气候变化全球治理，提高中期数值预报及气候诊断预测能力的期待。不仅是卫星的有效载荷在技术上有继承性和创新性，其研制团队同样在科技历练中传承与成长，接过为“风云”系列“慧眼”倾注代代心血的接力棒，矢志攀登科技高峰，用自主可控红外光电遥感技术的“中国方案”推动我国大气探测实现跨代发展。

矢志，做国家最需要的科研

“用最好的科技成果服务于国家战略需要”始终是上海技物所坚持的“初心”，而“实干见物”则是践行这一“初心”的精神准则。历史上，研究所“转红外”体现了“以国家需要为己任”的精神，而三次向国家主管部门请缨使风云一号遥感仪器尽快达到先进水平的自我加压，则是不断以拼搏实干见事见物的最好体现。

以国为重、勇于创新、不断攀登的精神，在二十多年的创新实践中都得到了充分传承。20 世纪 90 年代末，在郑亲波、翁垂骏、王模昌、张宝龙等老科学家的带领下，一支平均年龄不超过 30 岁的研发团队得以组建，担负起了风云三号 A 星的扫描辐射计、中分辨率光谱成像仪、红外分光计、地球辐射探测仪以及红外地平仪的研制任务。除了十通道扫描辐射计可以借鉴继承风云一号的经验和技术，其余三台光学遥感仪器均为我国首次研制，而吸引张锷、丁雷、王向华、殷德奎、钮新华、顾明剑等年轻人一毕业即留（入）所从事科研的原因则正是“就想做点科研，做国家最需要的科研”。现如今，各载荷核心岗位的主任设计师秉承着这一理念，已坚持二十余年。

2005 年，风云三号 A 星载荷研制团队（部分成员）合影

大气探测指标要求高、观测要素多，尤其气象业务观测对仪器的精细度、稳定性和可靠性等要求都十分苛刻；另一方面，极轨气象卫星载荷获取的数据将在全球范围内被使用并与其他国家和地区获取的同类数据做比对，这就意味着，团队的肩膀上扛起了中国空间定量化遥感探测能力跨代提升的重担，绝不能落后一步。2000 年 11 月，国务院正式批准立项风云三号气象卫星，彼时为保障气象业务应用的连续性，各项参数的设定尚为保守。到 2004 年设计就已基本完成，在距离仪器交付还剩一年多的时间里，团队发现“其实还可以做得更好”。于是，研究所给予了这些年轻后生充分的信任，而他们也铆足了干劲，誓要瞄准世界前沿，蹚出一条从跟跑、并跑到领跑的“超越之路”。

为了赶上国际最高技术水准，团队大幅调整设计方案来提高产品性能。对于已经具备了上天条件的光学仪器，仅是调整一个技术状态都需要对核心器件做出大量改进，重新验证其可靠性，更不论是大幅调整整个设计方案，基本就意味着全部过程的推倒重来。由于性能指标设定已走到了世界前列，继续向前将少有经验可以参照，而搭载上风云三号卫星的相机在上天后必须立刻进入稳定、可靠的工作状态，不得有任何差错。为此，团队成员几乎人人都准备了折叠椅和被子，夜以继日、废寝忘食已是司空见惯。经过详细地论证，技术发展、工艺能力和各个环节一一落实在了设计中，反复地推演和验证促进和实现了多项核心技术的不断突破。

2008 年实现“首秀”的风云三号 A 星中分辨率光谱成像仪大胆采用了多项突破性的技术，“250 米分辨率热红外成像通道每日完整观测全球两次”和“3 个可见近红外 250 米空间分辨率通道每日制作全球真彩色图像”成为国际唯一：这两点当时在国际上唯有中国能做到。气象用户利用该仪器获取的遥感图像数据，实现了海上气溶胶、海洋水色、陆上大气可降水量等一系列定量化业务功能。此外，载荷完美展现了“科技惠民”的社会效能，先后为汶川震后地理监测、北京奥运场馆热岛分布监测、城市热岛监测、台风监测、暴雨监测、北极冰裂监测、澳大利亚火灾等重大区域和重大事件提供服务，取得优异效果。风云三号 A 星成功实现了我国极轨气象卫星的更新换代，比肩欧美的先进光学载荷使我国拥有了当时国际最强时效性气象观测能力，在国际气象界引起了轰动。“星载全覆盖复合分辨率光谱成像关键技术”在 2010 年获得了上海市科技进步奖一等奖。

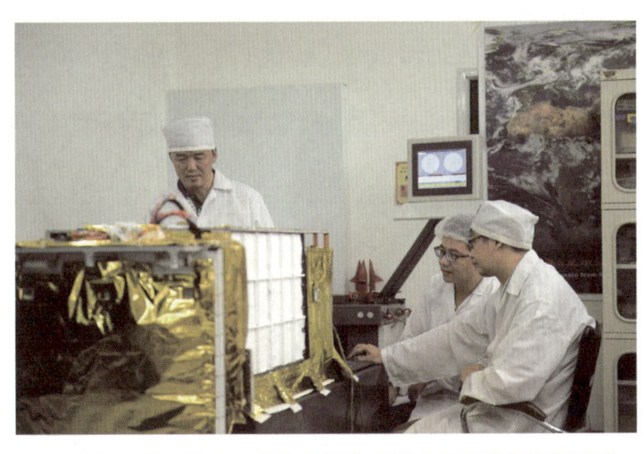

2017 年 8 月，风云三号中分辨率光谱成像仪进行光学测试

创新，为了气象数据更精准

从 A 星到 D 星，短短十年时间，每颗卫星的载荷都有新的技术创新；D 星更是又实现了一次大幅的升级换代。须知，通常一颗卫星有效载荷的技术打磨都需要十年左右的时间。研究所深厚的技术积累和协作精神给予了团队开拓创新充

分的养分和土壤。

根据大气科学理论，要获得大气状态需要精确解开七个大气运动方程组，大气探测仪器提供的大气数据越丰富、越精准，天气预报就会越准确。为了使风云三号气象卫星更“有用”，团队瞄准了欧洲 METOP 卫星和美国 NPOESS 卫星计划的高性能载荷技术指标，开始了论证和迭代；其中，最大的挑战是持续提升仪器的研制基础和核心组部件的各项性能。从追赶到超越，需要的是团队的决心和齐心协力的坚持。工程任务进度压力和航天型号“零缺陷”的严苛要求，使得重大项目一旦启动后，整个团队的“节日”二字就消失了。钮新华、张冬冬、顾明剑、雷松涛、洪孝炬等团队成员全情投入在探索、创造、验证、成功，之后进一步查找问题并再去探索的过程中，“自我赶超”“自我跨越”成为团队的一种习惯，他们坦言：在这种习惯下，搞科研感觉“每一刻都是新鲜的”。也正是敬重专业，重点培养锻造在实践中解决技术问题的能力，这样的团队氛围和共同价值观留住并吸引年轻人不断加入进来。

D 星载荷研制团队在与时间赛跑、与国际水平比拼的五年时间里，完成了两台仪器的原型机、鉴定产品和直接业务化发射产品的研制，在高灵敏度探测、全谱段星上实时定标提高定量化性能、多光路低温光校等技术上实现了新的创新和进步。中分率光谱成像仪可以通过 250 米可见光近红外通道，每日无缝隙获取

风云三号 E 星上海技物所部分试验队员合影

全球真彩色遥感图像，成为了世界上首台可获取全球 250 米分辨率长波红外分裂窗区资料的成像仪器。这样的技术提升可以实现云、气溶胶、水汽、陆地表面特性、海洋水色等大气、陆地、海洋参量的高精度定量反演，为精确解开中长期“天气方程”提供独家中国数据。红外高光谱大气探测仪成为了我国第一台极轨快速傅里叶光谱仪器在轨应用，达到光谱分辨率 0.625 波数、辐射定量化精度 0.3～0.5 K 的国际水平，使我国中长期数值天气预报的支撑能力有了大幅提升，登陆台风等高影响天气的预报时效被提前到 5 至 7 天。在系统指标升级的牵引下，核心部件负责人李向阳、董德平、刘定权、梁平治和陈永平等专家支撑了各自元部件的发展方向，使得探测器、制冷机、光学薄膜、光机电各组部件等都实现了跨越式的发展。团队敢想、敢拼、敢冲的精神，充分在新一代主任设计师身上得到传承。雷松涛担任了风云三号 E 星微光型中分辨率光谱成像仪主任设计师，为了适应晨昏轨道特点，按照我国首颗晨昏轨道的气象卫星的领先要求，他果敢设计了要求极高的微光通道，实现了最终信噪比达 11 的国际领先指标（国外同类仪器信噪比 7）。风云三号载荷技术相关成果获得 2017 年中国科学院杰出科技成就奖。

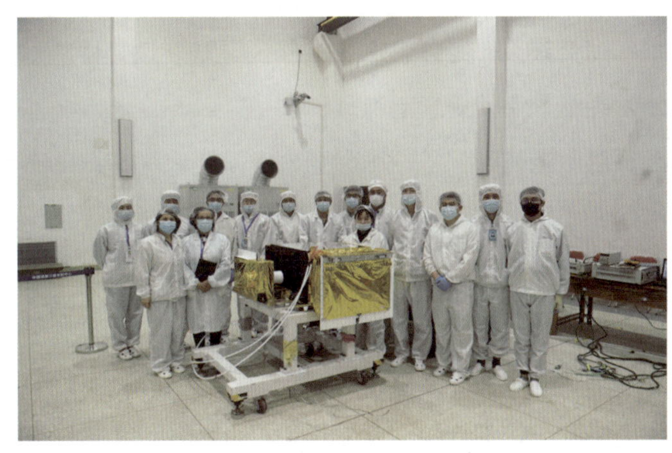
2021 年 7 月，风云三号 E 星红外高光谱大气探测仪 II 型研制团队合影

一代型号，一代人。老一辈科学家们和青年骨干们一步步将红外、光电技术应用于气象卫星，使得先进光学载荷接续在轨刷新着技术版本。年轻同志在研发过程中得到磨炼实现成长，张冬冬、杨溢、江丰带领团队投身于大气环境监测卫星宽幅成像光谱仪、高精度温室气体综合探测卫星宽幅高光谱温室气体监测仪、风云三号 G 星高精度基准比对传递定标器的研制中，继续钻研着高精度高定量遥感技术，以更精准地服务我国大气探测数据。

蓄力，争取碳排放中国话语权

瞄准2060年前实现碳中和的国家战略目标，团队科研工作有了新的奋进目标：为了使我国在全球碳排放上争取更多话语权，研发国际先进的高光谱温室气体监测仪。

全球碳排放要做到知彼知己，要能用自己的卫星监测仪器实现幅宽达到百公里的全球碳排放监测。团队开始突破低暗电流2.06微米和2.30微米波段铟镓砷光敏芯片、大幅面高效率全息浸没衍射光栅技术、高精度定标技术、结构轻量化设计、光学偏振灵敏度控制技术这五项关键技术。在此基础上，制定的实现百公里宽幅温室气体测量方案国际领先，团队咬定目标不放松，奋战在鉴定阶段产品的攻关中。

与此同时，为了更好地实现全球气候变化研究，团队把红外辐射基准搬移到卫星上，实现辐射量值的空间标准，较早提出了研究红外载荷在轨量值传递技术，以突破天基红外辐射基准的溯源和传递。团队致力于国家重点研发计划“红外发射谱段空间辐射基准载荷技术”的研究和下一步工程应用的布局，成为了卫星辐射测量基准技术的国际竞争中率先启动实践的中国力量。

回顾团队多年来的科研实践，可将其精练为一句：“做国家最需要的科研项目，研究世界最先进的技术，展示中国科技最美的一面。”团队成员深刻体会到，自主创新需要正视现实，必须想办法做到那些难以办到的事情，而且要想得更周到、细节要做得更美好：“精美的宝剑，要靠自己来打磨！”研制团队在国际竞争中坚持不懈，开启了七类先进载荷同步研制的挑战和创新，有青年技术骨干不断踊跃担当，有老一辈持续的关怀，有中坚力量的表率和新鲜血液的融入，这支队伍必将与中国气象卫星事业一道记入史册，并激励一代又一代的青年人为气象强国梦奉献力量。

《风云颂》
仰天笑，
阳光照，
风云卫星好，
航天再新高。

人啸傲，
星乖巧，
遥感数据好，
天气实时报。

忘不了，
要赶超，
风云系列硕果耀，
国际应用最新潮。

胜不骄，
党教导，
创新发展心头绕，
风云后续步步高。

勤勉　求索　育新业

——记主动光电技术与星载高光谱技术研究团队

上海技物所主动光电技术与星载高光谱技术研究团队是一支在实践中成长起来的研究团队，目前团队成员的平均年龄不足40岁。他们曾参与承担并圆满完成了诸多国家重大工程项目，如探月工程、火星探测、高分专项、环境卫星与资源一号卫星等航天工程任务核心光电仪器的研制，多次受到国家领导人的接见，先后获得国家科技进步奖一等奖1项，中国科学院杰出成就奖2项，上海市科技进步奖一等奖3项，上海市技术发明奖一等奖1项。

对于大部分探索前沿科学问题的科学家而言，发现一个个科学原理是科学研究的终点；而对于深空主动光电技术与星载高光谱技术研究团队来说，通过团队协作攻克一个个技术难题，瞄准国际领先的水平，把科学家和用户的“梦想”变成现实，才是他们孜孜以求的攻关目标。做喜欢的事，让中国的光电设备遨游太空，并不断实现科学梦想，是这个团队的执着追求。

梦之队，路在脚下

参与探月工程“嫦娥”系列载荷研制，源起于2002年国家宣布了“三步走”的探月计划，即所称的“嫦娥工程”。适逢中国科学院先导专项计划启动，一支年轻的创新团队在王建宇院士的带领下，大胆畅想在嫦娥一号卫星上搭载激光高度计，用于为月球拍摄立体照片。项目得到先期支持，初生牛犊的年轻人们自此开始了深空逐梦的旅程。

上海技物所在航空航天遥感探测领域有着深厚的技术积累，而向地球以外的天体开展探测，并且采用激光技术研发有效载荷，这即便在当时的中国也还是全新的领域，该如何做，都靠一步步地摸索。“不会有哪本教科书告诉你，新的激光雷达要怎么做”，当时刚刚大学毕业的黄庚华回忆起当时踏入“航天俱乐部”逐梦时既兴奋又忐忑地说。

由于缺少研制经验，一系列的技术难题拦在面前。尽管激光有着较好的方向性，但远距离折返后，接收到的信号衰减非常大，要接收并探测这微弱如萤火的信号，需要反复做大量试验。除此之外，太空中真空失重的环境、巨大的温差以及激光的大功率等问题，都是棘手的“硬骨头”。到了研制后期，作为高度计核心部件的激光器，一进入真空状态就“短命”，这对工程目标来说简直就是致命问题。为了解决这个困难，团队一方面联合上海光机所从激光器保护角度入手想办法提高设备的可靠性，另一方面和半导体所一同探究常规半导体激光二极管如何更好地在空间应用。反复多次试验后，他们终于实现了为激光器穿戴特殊“保护服”，并将仪器的寿命提高到 1 年以上。舒嵘回忆当时团队协同攻关的场面，仍感触颇深。“我们都明白身上的责任，也看好这些技术未来的发展前景，是值得我们当作毕生事业全情投入的。”实践证明“世上无难事，只怕有心人”，认定了“做成事”的目标，“办法总比困难多”。在 3 年紧张的攻关后，国产激光高度计成功奔月，它不断传回包括月球南北极在内的高程数据，填补了国际探月数据的空白。团队成员兴奋地将手握在了一起，大幅上扬的嘴角是最好的慰藉。

2007 年 11 月，团队庆祝嫦娥一号激光高度计成功开机

勤耕耘，从职业到热爱

嫦娥一号是团队承担的第一个航天任务，也是团队全程参与探月工程的敲门

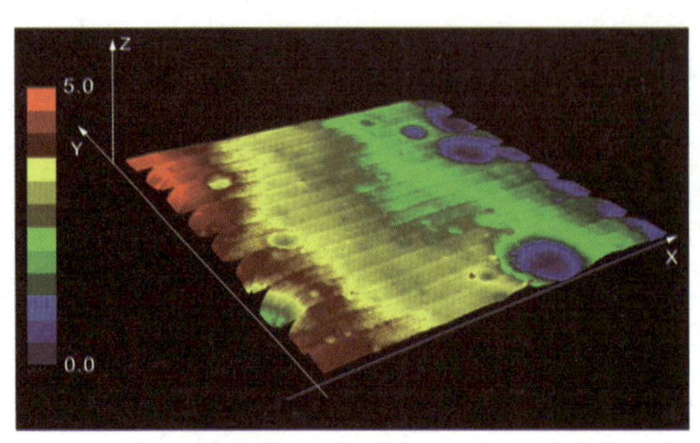

嫦娥三号着陆区域点云

砖。通过国家重大项目的历练，队伍快速成长，形成了坚固的金字塔形老中青组合队伍。前有“30后”薛永祺院士和“50后”王建宇院士精心指导工程的顶层规划和设计，中有“70后”舒嵘、贾建军、何志平中坚力量准确把握工程研发节奏和脉络，后有“80后”黄庚华、徐卫明、张亮形成奔涌向前的“后浪”，勇挑重担，刻苦攻关。这支有能力自主创新的队伍，秉持“代表国家核心技术，要做就要做到国际领先水平”的理念，先后在探月工程、火星探测、星地量子通信以及高分七号等国家重大项目中崭露头角。

攀登科学高峰的路上，也并非一帆风顺。在嫦娥二号项目中，团队遭遇了失利。但他们铆足了劲，花了整整一年时间完成归零，开过不下 100 次会议。“失败一次并不可怕，我们必须集中精力打好翻身仗。”经历过挫败后，团队对研制过程愈发谨慎。薛永祺院士给出了中肯的评价：“通过嫦娥工程，我们的年轻同志确实成长了，好多难题都是他们日日夜夜在那里解决，而且责任心也重了，团队的精神也有了。”于是，技术在一次次的空天逐梦中迭代更新，最新的激光多普勒技术保障了航天器落月精避障过程中，更准更稳；天地一体化量子通信技术成为我国保密通信领域的重大突破；火星表面成分探测仪完成“祝融号”火星车附近岩石的探测；高分七号激光测高仪成为我国首颗业务化运行的激光测高分系统……令团队骨干黄庚华得意的是，他的产品不仅留在月球上，更有一块印有他名字的电路板，上面写着“Designed by Huang Genghua”，那是对自主创新的自豪，更是对这份逐梦太空事业的热爱。团队成员在逐梦的过程中培养了对工程研发的忠诚与执着，对标国际一流不断向深空探索与迈进。

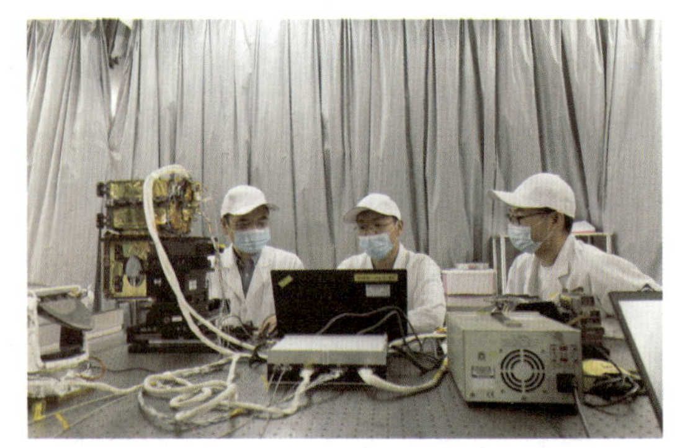
2020 年 7 月，火星表面成分探测仪研制团队正在工作

苦心志，走自主创新之路

上海技物所早在20世纪80年代就研发出了系列机载光谱成像仪器，性能均达到了国际先进水平，并在90年代实现了我国机载光谱成像仪器首次出口到国外的突破。进入2000年，“中国要有自己的星载高光谱相机”，这不仅是领路人薛永祺院士和刘银年、孙德新带领的研发团队的心声，更是我国科研主管部门和一大批遥感应用科研工作者的殷切期盼。彼时，将高光谱成像仪器发展到空间仍是一项挑战，而自主发展我国星载高光谱成像技术的决心已在年轻科研人员心中默默地扎根。研究所通过评审认可了年轻科研团队提出的星载高光谱成像研究方案，并在研究所的前沿创新项目中给予支持，开展前期论证与试验。科研团队对各种典型结构的傅里叶干涉、棱镜和平面光栅等分光体制进行了深入研究分析，并结合相关的试验测试数据，最终确定了凸面光栅分光体制作为团队发展陆地观测星载光谱成像的主要技术路线。此后，国家“863”地球观测与导航技术领域布局了“宽幅高光谱小卫星载荷关键技术研究”重点项目，其中“宽幅高光谱成像光谱仪载荷技术”课题则由星载高光谱技术研究团队承担。为了从根本上解决我们国家生态环境、油气矿物、精细农业等行业大范围遥感监测的实际应用问题，团队决心朝着最具挑战、最具价值的目标——研制国际最先进的高光谱相机，开展星载高光谱技术实际业务应用。

2018年，星载高光谱团队对项目研制情况开展讨论

资源一号E星AHSI成像图

原理的突破很难，但原理试验到实用的突破难度更大。把高光谱技术的研究工作真正用于服务、解

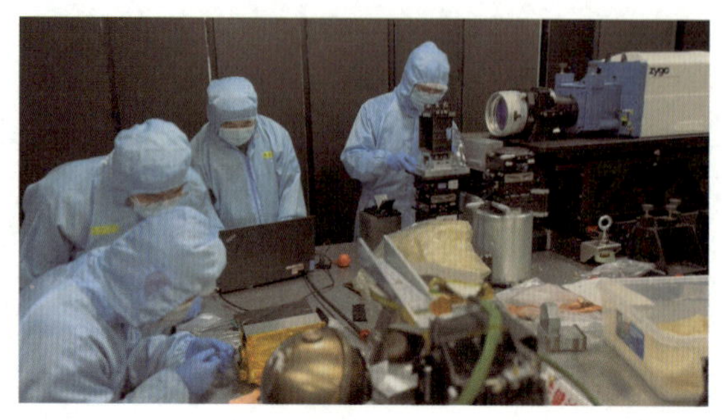
2022 年 6 月，星载高光谱团队进行正样光谱仪低温光校试验

决国家和社会发展中的重大需求和问题，始终是团队秉持的价值理念，这种内驱力为科技创新提供了最好的源泉。团队在 2008 年“863”项目预研的基础上，开展高分五号宽谱宽幅高光谱相机的工程化工作。由于高光谱相机的主要技术指标已远超国外已有的成熟方案，更加先进的方法手段需要自己去探索。五年研制周期中，团队足足花了三年时间去反复尝试、反复细化技术设计方案，以及关键性能与组部件的风险控制措施，并进行充分的仿真分析和试验验证。正确科学的技术路线，精益求精反复迭代的工艺摸索，使得高分五号高光谱相机在轨工作性能和应用表现得到了国内外的一致认可，也令我国星载高光谱成像技术走在了世界前列。

星辰大海，人类探索永无止境。正是这样一群对航空航天遥感事业充满了情怀和热爱的科研人员，正是他们的坚忍不拔、勇于奉献和满怀使命的坚守，才迎来我国光电遥感技术领域的累累硕果。

始简 毕巨 唯卓越

——记碲镉汞材料与器件研究团队

上海技物所于1966年开始碲镉汞材料与器件研究，是国内较早开展碲镉汞课题研究的科研机构。1985年，为了集中力量保证航天工程任务和国家863计划课题的完成，研究所碲镉汞的材料与器件研究工作统一归并到第十研究室。第十研究室研制出了碲镉汞单晶体材料、碲镉汞单元探测器等，完成了多元器件研制任务和器件实用化；通过为气象卫星遥感仪器自主研制红外探测器，带动了碲镉汞器件的航天应用。研究成果多次获得国家科技进步奖二等奖、三等奖，以及中国科学院科技进步奖一等奖等多项省部级科技奖励。

红外探测器是红外技术的核心部件，也是红外技术发展的先导。上海技物所对碲镉汞的研究，以器件应用为牵引带动材料水平提升和发展。碲镉汞材料从探索、试制到航天工程应用，经历了漫长的岁月。通过艰苦的攻关奋斗和曲折磨难，碲镉汞成为研究所的“一宝”，并在研究所红外光电技术发展和争取重大科技任务中，起到至关重要的作用；研究团队的努力功不可没。

白手起家迎难上

国际上碲镉汞的研究报道最早出现在1959年，自然界并没有它的存在形态，它是人造物质，是人工合成晶体的产物。尽管它的表面和界面稳定性给器件制造工艺带来了不少困难，先后有不少材料想要与之竞争甚至替代它，但迄今为止它依然是制造覆盖三个大气窗口的各种工程型红外探测器的主要实用材料。

上海技物所于 20 世纪 60 年代开展碲镉汞课题的研究，汤定元先生作了开题报告。那时，仅有两三篇原理性的文献资料能被查到，可谓是一穷二白，白手起家。特别是某研究所在 1964 年之前进行碲镉汞试验时，碲镉汞发生爆炸，并引起汞中毒，这给众人留下了惨痛的记忆。就在这特殊的时代背景下，在经费不足、设备简陋、技术难度大等诸多困难中，碲镉汞团队人员开始艰苦的攻关奋斗，日复一日，全身心沉浸在试验探索中，终于在 1968 年春获得了第一个碲镉汞单晶材料。

那真是激情燃烧的岁月，有一股子充满理想的奋斗热情。1970 年，碲镉汞团队集中了材料、测试、器件研究各方面的力量，会战了 50 多天，终于在国庆前使用自主制备的碲镉汞材料试制成功了光伏器件，其可用于 10.6 微米激光检测；这是团队第一个试制成功的碲镉汞长波器件，以此来庆祝祖国生日。随后，为了解决光伏器件的光敏面扩大、光串音大、R_0A 值不高以及隧道漏电流过大等要害问题，碲镉汞团队经历了较长时间的研究过程，终于在 1974 年利用淬火—固态再结晶材料，首次试制成功了室温工作的 3～5 微米的碲镉汞光导器件，并在当年的上海市科技单位成果展览会展出。这一展出鼓励和促进了团队继续奋进。

70 年代末，风云一号气象卫星项目立项启动，在又要先进、又要可行的技术路线中，团队最终选择了光导型碲镉汞路线，并完成航空校飞实验，最终成功应用于风云一号。同时期的欧洲一直紧盯着这项光导型碲镉汞加上辐射制冷技术，这原是他们的骄傲，结果没有做成，而我国在不懈努力之下成为了继美国之后第二个拥有该技术的国家。

1982 年，第十研究室器件介质组获上海技物所先进班组

喜讯频频捷报传

任何一种半导体材料都有从研究到批量制备的问题，而碲镉汞尤为艰难。在国家任务迫切需要的推动下，上海技物所碲镉汞研究工作快速发展，20 世纪 80 年代，材料、器件、应用及物理性能研究都经历了多番磨炼，材料、器件相继研制成功，光导器件也顺利应用于航天任务，佳讯频传。

1985 年，为了集中力量保证航天工程任务和国家 863 计划课题的完成，碲镉汞的材料和器件研究工作又统一归并到第十研究室，时任室主任方家熊与其团队对分解出的根本性关键问题进行攻关，同时关注、把握相应的工艺技术细节，循序渐进，先后解决了三元材料预处理，碲溶剂法传质传热物理模型建立、质量控制和工艺规范等问题；解决了长波碲镉汞多元红外探测器实用化所需材料的难题，并成功制备出单片 60 元长波碲镉汞线列红外探测器，保证了航天任务和多元器件研制任务的圆满完成。

在研制期间，国防科工委领导对其十分重视，亲临现场视察，表扬了团队提前并圆满完成“七五”国防科技重点预研计划任务。1990 年 1 月 15 日，国防科工委特意向上海技物所发来贺信，信中写道：“多元碲镉汞是 70 年代末期才走向实用的具有重要军事应用价值的红外探测器，同时也是一项难度大、工艺复杂的高技术项目，多年来，世界军事大国一直拒绝向我们出售这类产品和技术，以达到称霸世界的目的。60 元碲镉汞线列红外探测器的研制成功，证明了我们中国的科技人员完全有能力打破国外的禁运和封锁，完全能够依靠自己的智慧和创造力攻克这一难关……你们为国防工业的研究单位做出了榜样。”

■ 60元长波红外探测器：

■ 180元长波红外探测器

碲镉汞线列器件

面对成绩和荣誉，碲镉汞团队继续咬定目标，抓紧研究步伐，采用自主技术路线，相继研制出 180 元碲镉汞器件、碲镉汞代替锑化铟的中波组件、4 波段焦平面器件，等等。

朝气勃勃志昂扬

1984 年，团队又承担了风云二号气象卫星扫描辐射计关键部件红外探测器的研制工作——双波段四元碲镉汞探测器。根据航天应用高性能、高可靠性的要求，他们进行了探测器参数设计，器件工作、封装可靠性试验等设计，经过十多年的攻关，解决了高性能高稳定的单片双元探测器制备工艺、高精度四元镶嵌工艺及其专用的真空封装设备、避免水汽影响的低温高真空长时间工作寿命试验专用设备等。1997 年，风云二号 A 星终于首发成功，团队也成长为了碲镉汞材料与器件研究的中坚力量。

1998 年，上海技物所首批进入中国科学院“知识创新工程”试点。龚海梅、李向阳等一批年轻人加入团队中，十室也逐步发展壮大。

龚海梅在上海技物所分获理学硕士和博士学位后，留在了研究所工作。他在气象卫星、海洋卫星和神舟飞船等空间应用红外探测器的研制、碲镉汞红外焦平面、可靠性技术等方面的研究工作中，创造性提出了窄禁带半导体表面层复合理论，发展了一种表面钝化新工艺，在国内率先解决了碲镉汞少子寿命面分布自动测试，并取得航天红外器件抗 γ 辐射加固技术研究的突破性进展，解决了多项碲镉汞理论、工艺原理及其应用等关键问题，明显提高了器件性能及成品率。龚海梅认为，创新跨越实践需要自立自强；最先进的和战略性的高技术是买不来的，依靠的是协同攻关、创新攀登。从国情出发，创造性地提出自主方案并解决应用技术难题，正是团队亦是上海技物所的特色与优势。

2000 年，李向阳从上海技物所博士后出站并留所工作，他先后参与了风云系列气象卫星、环境一号 B 卫星红外相机、海洋一号 B 卫星水色仪等项目的碲镉汞红外探测器研制工作。在与团队成员合力攻坚的 20 多年中，李向阳有过艰辛疲惫的困难时刻，亦有过笑逐颜开的成功时刻。他说：“这些年来，就像牛顿说的，我们站在巨人的肩膀上，为大厦做点‘装修’，基础的柱子、房子前辈们都已经盖好了。我们无非就是把探测器做得性能更高一点，像元数更多一点，灵敏度更好一点，光谱更细致一点，或者说探测方式更智能化一点，与他们的工作相比，这些不过是小事。”

众志成城聚合力

研制一个红外探测器，犹如演奏一首协奏曲，需要从事材料制备、晶圆加工、器件工艺、组件封装等工作的相关人员团结协作、共同努力，才能实现成功。

在风云二号 03 批探测器研制过程中，中波红外器件探测率始终难以提升。当时，团队研究试验了很久，无论如何都无法成功，直到要交付正样了，性能依然不过关。最后，大家仔细查阅文献，静心思考，深入测试和计算，终于发现原来是因为探测器尺寸比较小，光敏元只有 82 微米 ×82 微米，中波碲镉汞材料少子寿命较长，一加电压，少子漂移长度就超过探测器的尺寸，从而产生所谓的扫出效应，探测率因此难以提升。峰回路转，找到原因后，团队通过进一步研发叠层工艺，把电极拉得远一点，实现了对扫出效应的限制。改进后第一次试验就得到了理想的结果，那一刻团队的喜悦无以言说！

气象卫星载荷的光谱定量化技术是一块硬骨头，团队在齐心协力下，硬是将它啃了下来。若要实现气象探测准确的温度反演，便要将长波红外分裂窗双通道的响应光谱做得“好看”，即通道内响应光谱要平坦，通道间串扰要少，有严格的形状要求。这就是光谱定量化的应用需求。要想高质量地满足用户要求，需要做到探测器响应光谱平坦化。以往解决问题最常用的办法就是通过制备大量的芯片、滤光片等组部件去筛选，相当于做成千上百个器件，通过精挑细选找到适合

2003 年 4 月，第十研究室合影

2008 年，第十研究室迎上海技物所 50 周年所庆合影

应用的那个，但这造成了大量人力物力的浪费；而从原理和机理的维度去抽丝剥茧，才是治本之道。

为了解决上述问题，团队多次召开讨论会，众人纷纷表达自己的观点。每人都抛却了“头衔”的桎梏，没有院士、没有领导、没有研究生，大家都是平等交流的个体，是勠力同心的队友。龚海梅总结道：“工程的文化不是一个人说行就是行了，要所有人都觉得靠谱，那才行。”在经过多次讨论之后，碲镉汞团队从光学入手，提出了应当从波动光学、产生干涉和衍射的本身原因着手，这样才能彻底认识清楚光谱波动的原因。不久这一想法便通过了实验验证，工作路线也很快制定出来了。理论清楚了，方向就清楚了，在井然有序中，问题都得到了切实有效的解决。

在这个伟大的时代，碲镉汞团队从精神上继承前辈们的光荣传统，咬定青山不放松，努力为国家做一些有意义的事情就是一种荣耀。

深耕 破故 踏风浪

——记空间制冷技术研制团队

上海技物所空间制冷技术研制团队为风云一号、风云三号系列卫星研制了太阳同步轨道辐射制冷器；为风云二号、风云四号系列卫星研制了地球静止轨道辐射制冷器，为神舟、天宫、气象卫星等有效载荷制冷子系统研制了斯特林制冷机，同时，为风云四号多通道扫描辐射计和大气垂直探测仪开发载荷热控技术。1998年以来，团队先后获得20多次各类奖项和30多项专利；参与研制的有效载荷、仪器，随总体和组件获省部级专项奖一等奖；航天红外焦平面技术研究集体获中国科学院杰出成就奖等奖项。

每当卫星成功发射，为之付出心血的科研人员们无不欢欣雀跃。但有这样一支团队，他们等不及分享喜悦，而是紧盯显示屏，不敢松懈半分，始终密切关注着卫星载荷中制冷装置的遥测数据，以确保仪器在后续任务中可以获取高质量数据。他们就是上海技物所的空间制冷技术研制团队。从风云一号气象卫星扫描辐射计研制开始，团队就在老一辈科学家谢晋康、王维扬、杨春江等人的带领下，始终扎根空间制冷领域，持续创新，艰苦奋斗，开发出我国第一台太阳同步轨道辐射制冷器，实现了我国自主研制的低温制冷机首次在空间应用成功，调试出了全国最大的辐射制冷器……实现了多项从0到1的突破。

风云变幻，开启空间辐射制冷器研制

20世纪70年代初，我国决定发展自己的气象卫星，上海技物所承担了气

象卫星系列空间遥感仪器的研制工作。遥感仪器的核心部件——红外探测器必须在低温环境中才能有效工作，空间低温制冷装置是获取高质量遥感数据的必要保障。

窒碍难行的条件下，空间制冷技术研制团队付出了 12 年的艰辛努力，开发出我国第一台太阳同步轨道辐射制冷器。5 年后，团队开始研制风云二号卫星的辐射制冷器，这需要采用全新的结构型式，带来了关键部件制造工艺、防污染措施、地面实验等一系列新技术问题。

1982 年，第四研究室低温组获上海技物所先进班组

探索创新的道路总是崎岖曲折的，1994 年 4 月，正当科研人员们对新星上天满怀憧憬时，即将发射的风云二号突发爆炸，星上的扫描辐射计和辐射制冷器毁于一旦。烧得毁的只是仪器，烧不毁的是意志，团队迅速重整旗鼓，铆着一股劲咬牙拼搏就是三年。1997 年 6 月 10 日，风云二号 A 星发射成功，团队成员久久凝望长空，多年等待终于得偿所愿。之后，卫星发回了质量极高的红外云图及水汽分布图，制冷技术团队功不可没。

星火传承，新型低温制冷机实现从 0 到 1

20 世纪 90 年代初，上海技物所承担研制“921”工程中的神舟三号中分辨率成像光谱仪。该仪器采用的小面阵红外焦平面组件所需工作温度为 86 K，在近地低轨道上的辐射制冷技术已难以满足其应用需求，于是，具有效率高、重量轻、安装灵活等优点的机械制冷仪器进入了众人的视线。

上海技物所早在 1965 年就开展了微型制冷技术的研究；曾完成低温制冷机样机的研制，具有一定的技术基础。然而，研制可适用于先进中分辨率成像光谱仪的制冷机需要解决一系列工程化问题，难度极高；当时还正值青年出国浪潮，国内机械制冷人才匮乏。思来想去，时任副所长龚惠兴找到了刚毕业不久的吴亦农。吴亦农当时正在从事风云一号 02 批辐射制冷器的研制，在当时课题组长王维扬的大力支持下，这位年轻人接下了这个艰巨的研制任务。

在组长纪国林的带领下，机械制冷组马不停蹄地开展航天斯特林制冷机系统研制。团队成员凭借良好的工热和动力机械基础，日夜学习钻研，很快便绘制出项目所需的全套零件图：细长轴、镜面气缸……这些零件的加工精度要求极高，吴亦农的一辆凤凰自行车承载了年轻人的“低温梦想”，他常常骑行几公里，下厂和对方的技术员逐张研究图纸，讨论每一道工序，解决了微米级同轴度等关键问题。现在看来十分成熟的技术，正是当时在简陋的配套条件下通过一个个攻关和一次次努力换来的。

2002 年 3 月 25 日，神舟三号载着中分辨率成像光谱仪及对置式空间低温制冷机系统成功发射入轨，获得了清晰的红外通道图像。这是我国自主研制的低温制冷机首次在空间应用成功，完成了从 0 到 1 的突破。

凝心聚力，长寿命技术取得突破

神舟三号上天了，但由于整星供电问题，制冷机在轨仅工作半年，仪器能否在太空中长寿命运行没有得到充分验证。那时，机械制冷组进入了一个低潮期，仅有预研项目，没有后续的型号任务，这意味着没有经费，研发人员开始流失，团队发展面临着严峻的考验。2003 年春，团队内进行了一场如何坚守的大讨论，最终大家下定决心，相互鼓劲，苦练内功，坚守为国家所需继续研制空间机械制冷装置的初心。

2006 年 3 月，实践九号 B 星中长波红外相机需要低温制冷机，机会终于来到了准备多年的团队面前。整个团队憋着一股劲，奋力攻关。负责研制核心部件主动平衡减振器的同志，在巨大研制压力下突然失聪，但他在几天高压氧舱治疗后又急切地投入到“战斗”中。2012 年 10 月 14 日，实践九号 B 星发射入轨，低振动长寿命低温制冷机首次在轨完成任务，也成功对制冷机长寿命技术进行了全周期验证。

升级换代，辐冷技术再上层楼

机械制冷技术发展的同时，新一代的空间辐射制冷技术攻关也在如火如荼地推进。

当时，我国风云气象卫星正从第一代向第二代转型升级，多个项目齐头并进。风云三号卫星是我国新一代太阳同步轨道气象卫星，各项性能在风云一号卫星的基础上大幅提高。团队扛起了研制 01 星至 03 星上的扫描辐射计、中分辨率光谱成像仪、红外分光计 3 台载荷辐射制冷器的重任。设计上没软件，年轻的团队负责人董德平自己编程计算，一台 486 电脑就是最好的工具；最艰难的光学配准，团队采用全新的技术手段，为确保微米级精度反复琢磨；为保障完美的图像质量，制冷团队与系统同志协同奋战，连续蹲守在 72102 实验室 2 个月。风云三号 01 星上天后等待传回数据的那天晚上，董德平手里紧紧攥着地面数据记录本，每一轨数据返回时都紧张地比对着，连续观测了 48 小时；在确定仪器性能全部优于要求后，好消息传回团队，大家都有“吹尽狂沙始见金”的喜悦。

2005 年，辐射制冷课题组获 2003～2004 年度上海技物所先进文明班组

挑战始终不停，风云四号服务作为我国第二代静止轨道气象卫星，研制团队面临新的挑战。首先要攻克的是超大太阳屏技术，陆燕这位看似柔弱实则坚毅的女同志，带领团队顶住压力接下任务。她提出了太阳屏拼接方案。设计过程中，团队没有 3D 软件，全靠几何计算，面型计算公式输入自编程序，反复迭代。团队解决了制冷温度和制冷量理论设计问题，还来不及高兴，发现在抛光大太阳屏面板时，若用化学镀镍法，一抛光表层就穿了。为了解决这刁钻的加工难题，设计人员每天和工艺人员聚在一起，冥思苦想，终于摸索出了解决的办法。梅花香自苦寒来，最终，团队设计调试出了全国最大的辐射制冷器，并顺利通过力学振动试验。这种结构的辐射制冷器在风

云四号两台尖端红外光电载荷中发挥了重要作用。

开拓进取，谱写空间制冷新华章

2013 年的春天，制冷团队召开了一次特殊的会议，主题是“生存、发展和幸福”。“十二五”期间，风云四号、通讯、高五、天宫二号等项目相继立项，航天型号任务迎来了一波大发展，亟须研制各类低温制冷机来保驾护航。大家谈问题、找差距，最终拧成一股绳，制定了发展路线，明确了向实现数字化设计和产品化生产而努力，要站在用户角度想问题，设定了“人无我有、人有我优”的发展目标，自我加压，技术指标剑指国际先进水平。

2013 年 7 月，夏日炎炎的一天，会议室挤满了人，争论异常激烈。过去一年中，制冷机产品生产过程遇到了各方面的问题，设计性能余量无法实现、工艺重复性不佳、研制进度跟不上……这场会议将决定谁来带领生产制作走出当前困局。吴亦农静静地听着大家的意见，随后说道：“我心里有个人选，我出 1000 元，要是有人猜对了，这笔钱就作为活动经费。”大家纷纷参与，投出自己的答案。在揭开谜底的那一刻，在场的人都情不自禁地站起来鼓掌，众人选出的正是陆国华！这是一名还有三年就要退休，在团队中享有极高威望和丰富经验的老同志。陆国华异常激动，这激动来自责任感，更来自同事们对自己的信任。他当场表态，愿意接下任务，退休前继续为团队做一些事。“千元赌局”从此成为了一段佳话。此后，实验室夜里经常灯火辉煌，在前辈的带领下，年轻同志一边进行试验验证，一边分析试验结果，面孔上闪现着的是信心和坚定。每一个问题的解决都在加深着团队对全过程量化控制的意识和对细节的敬畏，为团队的工匠精神和严谨作风的打造奠定了坚实的基础。

2017 年 7 月，团队与杨利伟合影

近年来，团队通力协作，先后在定量工艺化、流程化、标准化等多方面发力。装备上，将手艺打磨为规范化，建立了成组成套的工装、扭力值、电流值；操作上，将工作步骤变成详细的流程单、记录表、检验单。表单从简单到完善，详细记录着工艺上下游的流程。经过努力，团队形成了工艺至上、规范做事、严谨验证的工作氛围，坚定向产品化之路迈进。这些为在嘉定园区建设 1500 平方米的空间制冷产品生产制作工艺线打下了体系基础。

面向未来，团队每位成员都有一个最朴实的想法，那就是自主掌控先进低温制冷技术，护卫红外“芯”，树牢“召之即来、来之能战、战之必胜”的意识，为航天强国贡献自己的一份力量。

知微 见著 推一心

——记光学薄膜团队

上海技物所光学薄膜研究工作始于1964年。近年来，光学薄膜研究团队在薄膜设计、镀制工艺、测试分析和薄膜器件光谱性能方面取得显著进步，多种类型、不同规格和要求的光学薄膜器件在空间应用等方面取得实际成功，有效满足国家对数值天气预报、深空探测、空间量子通信和空间光学遥感长期业务化等方面的需求，目前综合研究水平与国际先进水平相当。团队曾多次获得国家科技进步奖三等奖，上海市科技进步奖一等奖、二等奖、三等奖，中国科学院科技进步奖三等奖等。

上海技物所的光学薄膜研究工作发展可分为两大阶段，第一个阶段是前30多年的从初创到形成专业研究，其间涌现了严义埙、张凤山等光学薄膜制备领域杰出学者，为研究所能够在后期跟进工程任务、不断提高研究水平奠定了技术基础。第二个阶段是近20多年，光学薄膜团队承担了30多项国家空间工程任务中的光学薄膜设计和研制任务，实现了精确的薄膜控制技术、实现了对亚纳米带宽滤光片的镀制，短波方

1985年，第八研究室获上海技物所文明部门合影

向从可见光扩展到了深紫外，长波方向从长波红外扩展到了 50 微米波长附近。基于薄膜的偏振和相位控制研究在海洋遥感和空间量子通信工程中得到了应用，光学薄膜的研究从传统的“波长—能量”二维调控发展到了“波长—能量—相位”的三维调控，多光谱的集成光学滤波元件进入工程化研究与应用。我国的风云四号气象卫星的多通道扫描辐射成像仪和大气垂直干涉仪，“墨子号”量子通信卫星纠缠发射机和密钥发射机等三十多个光学有效载荷上的光学薄膜，都来自上海技物所光学薄膜团队这支甘为绿叶、协同创新的团队。

于万里之上

至薄的光学薄膜虽然不起眼，却是空间领域的光学和光电遥感系统中基本和关键的光学元器件，承担着光学能量输送、光谱控制、偏振控制等关键作用。光学薄膜元件需要按照光学干涉原理以及吸收特性，设计成多层薄膜结构，有时需要几百层薄膜进行精确配置。利用光学薄膜，光学器件可以在反射光路或透射光路中实现光学能量调控、光谱调控、相位调控、偏振方向调控，从而实现光信息的传输和获取功能。

2001 年，刘定权完成了风云三号卫星红外分光计光学镀膜元件的设计，设计报告顺利通过评审。分光计所用光学镀膜原件要求极高，对设计和镀制均有一定的难度门槛，且涉及内容与刘定权之前的工作略有不同，但在同事们和领导的帮助下，他迅速度过熟悉和学习的阶段，开始承担工作。之后的多年里，他带领团队为风云系列突破研发多项光学薄膜技术，如：研制出了红外低温超窄带系列滤光片，装载在风云三号气象卫星红外分光计、中分辨率成像光谱仪上，实现了气象卫星对地面和大气层的精确光谱观测和对人气层的立体探测；成功研制针对风云四号大气垂直干涉仪的红外宽光谱分束器，进一步提升了立体观测的精度。如今，我国的气象数据与国际接轨，有时数据比发达国家的更好，其中正有光学薄膜团队的努力与付出。

为“墨子号”研发光学薄膜，对光学薄膜团队来说是一个艰巨的挑战。“墨子号”是世界第一颗量子通信卫星，为保真信号编码，载荷的偏振精度绝不可超过 0.5%；而光子在通信过程中需经过数十个光学表面，每一个都有改变光子状态的可能性。团队的任务正是研发光学薄膜来校正、辅助光学器件，从而保持、控制光子在通信过程中的稳定状态。团队需要在真空环境下以纳米为厚度单位，将薄膜一层层镀在光学器件上，且误差必须控制在0.1%以内。大家深感任重而道远，日夜不懈研究，仅样片就制作了几千个。功夫不负苦心人，短短两年内团队在技术和工艺上实现了突破，实现了可见光和近红外区域的光子态控制与光谱路径分配，获得了从未在外国文献上报道过的优异成果，为我国量子通信领域实现星地间量子通信试验提供了技术支撑。

于毫末之间

光学薄膜的生成主要是通过真空中的物理气相沉积或化学气相沉积的方法，把极薄的介质薄膜层或金属膜层依次沉积到被镀件的表面，进而实现期望的光学功能。有人称团队成员是舞于光学薄膜上的“极致舞者”，团队现任支部书记于天燕研究员笑称他们的工作是“拿着手术刀绣花”。这份于毫末之间“动真章”的工作需要成员们的细心、耐心，还有敬畏之心。

2019年，研究团队对薄膜工作开展学习讨论

2020年，进行光学薄膜制备

超宽光谱红外分束器是干涉式高光谱探测仪器中的核心关键元部件。在该技术领域，国际长期对我国实施技术封锁和材料禁运；加之我国在红外薄膜材料制备等方面与发达国家存在着差距，我国对红外分束技术的研究凤毛麟角，长期没有突破，一度制约了大气垂直探测仪的研制和技术发展。于天燕与同事们毅然扛起自主研发的重担，负责大气垂直探测仪干涉仪系统中的红外宽光谱分束器的技术攻关。当时，

大家还有多项任务交叉并进，许多研发与测试都是见缝插针进行的。那段时间，大家舍弃了许多假期，过年也是匆忙与家人一聚后马上返回实验室。一年后，膜系设计成功，光谱曲线也达标了，第一步完成了；但接下去的分区难题又拦住了团队许久。不同区域镀膜的材料、工艺、温度等都不一样，区域之间有着严苛的精度要求。两个区域的工艺谁先谁后？如何保证镀膜时不彼此影响？这些“拦路虎”需要成员们在试验小片子上一次次尝试。其间，大家请教了工厂的师傅，想了许多办法，为了解决镀膜时的保护措施，连家用的耐高温保鲜膜也不放过。等突破重重阻碍，从试验小片子转到正式分束器机片的那天，便是大家最紧张的时候了。由于机片的加工工艺耗时非常久、花费极为昂贵，一旦失败，金钱损失尚且不提，再加工会严重耽误任务进度。那一天的晚上，大家都睡不好，做梦都是上机失败的噩梦。但结果证明，团队的细心、耐心、敬畏之心没有白费，极高的成功率是最好的回报。

在光学薄膜研制过程中，部分重要环节都需要团队成员手工操作，可以说，光学薄膜是一件艺术品。分区难题自不必说，镀膜更是挑战。镀膜时要百分百保证各分区的边缘精度对齐，分毫的偏差就会导致穿过的能量产生错误。成员或在显微镜下，或直接用肉眼盯住薄膜的每个区域，手工一个个贴正；也因此，许多团队成员的视力在长期的工作中受损严重。贴正后要剥离废料，此时若手抖，极有可能撕裂已镀好的膜，裂痕会在日后的使用中扩大，最后脱膜，导致重大损失。就是在这样紧张复杂的工作中，团队成员练就了胆大心细的品质。

于未来之先

多年来，光学薄膜团队几乎都是多个型号任务齐头并进，成员承受了诸多压力和辛苦，亦有许多难以言表的艰难。光学薄膜在航天有效光学载荷系统中很关键但又不起眼。空间红外的精密光学薄膜科研产品需要“量身定制”；涉及的薄膜材料、技术工艺、可靠性控制多属于前沿应用研究，具有世界先进水平。在团队几代科研人员的长期积淀下，团队克服了许多技术难关，没有出现进度问题和质量问题，被别人认为是轻而易举的事情实际上是在全体成员艰苦努力的基础上取得的成绩。

近年来，团队收到的科研任务持续大幅度增加，工程任务时间紧、压力大、

2021 年，第八研究室中波组获上海技物所 2019—2020 年度文明班组

要求高。为了确保任务的完成，团队不断优化专业分工，调整工艺线运行产品，以保证质量和进度。在遇到困难时，组织有经验的业务骨干会诊、解决问题。为了培养人才稳定队伍，对青年职工进行多次专业技术培训，发挥老同志的传帮带作用，让年轻职工发挥作用。为了提升团队的学术水平和积极性，每年都会组织系列学术活动，下大力气让科研队伍再上台阶，发展储备核心技术，提升竞争力，促进团队的长期可持续发展。

持之以恒地付出与投入，只因团队成员们已深深地爱上了光学薄膜事业，将其作为生活的一部分，这项事业中充满着科技与艺术的光辉，其乐无穷；光学薄膜团队将继续向前攻坚，持续培养核心竞争力。

坚忍 筑堤 争朝夕

——记红外光电装备及光电对抗装备研究团队

红外光电装备及光电对抗装备研究团队致力于红外光电探测和光电对抗技术的研究，专注于红外成像、光学设计、伺服控制、实时信号处理、视频图像处理和红外目标特性测量与仿真等技术领域，努力提高我国该领域的先进装备技术水平。团队在国内率先开展红外大视场搜索探测系统的研制，实现由单波段到多波段、由静平台到动平台、由单一体制到复合体制、由地基到空基、天基和海基平台的技术延伸和水平跨越。荣获国防科技进步奖二等奖 1 项，中国科学院科技进步奖一等奖 2 项、二等奖 1 项，军队科技进步奖一等奖 1 项等。

他们，一代传承一代从事红外光电系统研制；他们，在“非典”(SARS)疫情期间仅用 10 天就研制出了我国首批“非接触式”红外测温仪，打造了上海陆上大门的“守护神”；他们，提出了基于某面阵和某双色等红外焦平面器件的新型系统体制，并实现了基于红外成像的某目标被动探测技术；他们，在复杂电磁环境中获取了出色的探测效果，提高了某型装备的探测和复杂条件下使用的寿命，完成了多项某部型号装备的设计定型工作，累计生产装备近百套，总产值超过 2 亿元人民币，并已列装人民军队；成果斐然的他们，却因从事研发项目的高度敏感性，从未出现在聚光灯下……

国家需要，勇挑重担

20 世纪 80 年代中后期，为应对新的装备升级，有关部委在全国范围内寻找能够胜任某专项研制的科研机构。上海技物所主动对接国家需求，勇于担当承接了两个子系统的研制任务，红外光电装备及光电对抗装备研究团队也应势重新整合组建。

项目批下的同时，研制困难接踵而至，当时实验室现有的8031型单片机，仅可装载6个成像通道；好不容易研制出的样机在第一次实战中无法看清远方的目标；更大的难题是虚景消除困难，需要的目标和不需要的物体在成像中都显示了出来。此外，试验中还有许多意料之外的难题亟待解决：有次外场试验中，样机腔体内温度过高，而靶机已经起飞，回去处理已不可能，科研人员急中生智用冰棍给仪器降温，终于使靶机在飞临目标区域上空时成功捕捉到目标，且成像清晰，顺利完成任务。通过“冰棍降温”，团队也找到了问题所在，解决了腔体温度过高的问题。

从事红外光电系统工程及信息与图像处理技术研究，领域涉及红外系统工程、红外成像技术、多维信息获取、微弱目标探测技术等，在不断发展壮大的过程中，队员们面对困难毫不畏惧，多次成功实现技术跨越与创新。比如某型号设计定型项目中，任务要求在行进过程中完成目标探测任务，这对设备研制和相关算法而言都是一项新的挑战。随着载车的行进，车体由于颠簸或转向，空间中目标在红外图像中的位置会随之发生较大的变化，即便是规则运动的飞行器也可能会来回摆动或跳跃，这大幅度提升了对目标探测的难度；而近地背景中的一些静止假目标也会“运动”起来，又增加了对动目标探测的难度；同时，设备还要克服轮式装甲条件下的振动、冲击和电磁干扰。为了解决这些技术难题，团队提出采用运动平台三维稳像及近地背景抑制技术，多番试验后不但实现了行进间某试验效果，还保证了较高的目标指示精度，使该领域装备技术的发展又前进了一步。

又如某部某型红外辅助制导装备研制工作中，团队创新性地首次采用红外和激光复合探测技术用于辅助制导。为了提高设备的探测灵敏度，团队突破了复杂背景

20世纪90年代，在办公室讨论工作

下的区域自动搜索、远距离小目标高精度跟瞄测距等关键技术，实现了对高、中空和掠海目标的自动搜索、截获、跟瞄、测距。该项目在国内首次利用光电装备完成了全过程引导，为解决在强电磁干扰情况下的某飞行器的制导提供了一种有效的手段。同时，该项目还是上海技物所获得的首个某光电试验技术项目，开拓了研究所相关领域装备新的应用领域。

在吴常泳、周起勃、汤心溢等几代研究室负责人的带领下，团队在一个又一个任务中接受历练，为多个军方用户提供了实用化的装备产品，并实现小批量科研生产，在红外光电对抗领域迈上了新台阶，而团队成立之初“做国家之所需”的深刻烙印也愈加深刻。

迎难而上，只争朝夕

2003 年初，我国突发性“非典”疫情，严重威胁着广大人民群众的生命和健康。当时形势非常危急，由于“非典”尚未被人们完全认识，短时间内已致死多人，大家都谈“非典”色变。这种“非典”病人的典型症状是人体温度升高，因此通过测量人体温度来识别是一种非常有效的办法，而非接触式红外测温仪就成了当时能够检测人体温度又能避免传染的重要科学设备。值此关键时刻，在研究所的统一部署下，团队扛起重任，成立了非接触式红外测温仪研制攻关小组。科研人员夜以继日，努力拼搏，在研究所原来的 HDG 高灵敏红外测温仪基础上进一步改进、提高，仅用 8 天时间就完成了原本需要 3 个月的工作量，终于完成了第一批 20 套抗击“非典”专用的分离型 KG-1 红外测温仪。攻关小组成立后第 10 天，由上海市科委和上海技物所联合召开的捐赠大会上，时任上海市副市长杨晓渡等出席大会，上海技物所向上海市抗非指挥部捐赠了 10 套测温仪，成为了上海交通口岸“抗非”的守护神，被人民亲切地称为“红外卫士”。受检者只要在“红外眼”前通

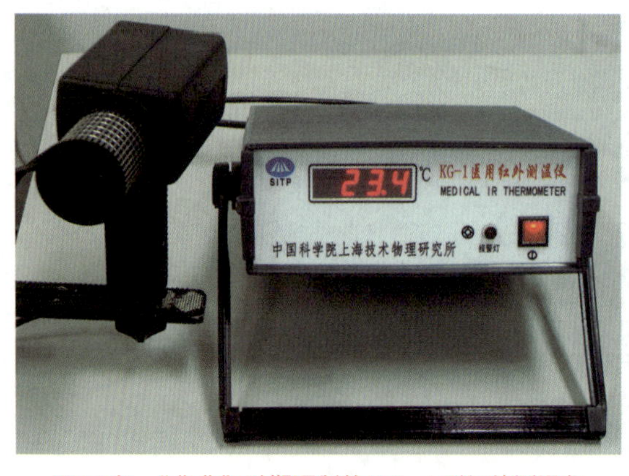

2003 年，“非典”时期研制的 KG-1 型红外测温仪

过，测温仪就能在2秒钟内显示其体表温度，误差小于0.1摄氏度。首战告捷并未使团队对疫情掉以轻心，继续赶工，8天后他们又完成了第二批测温仪的研制，在此后近2个月的时间里，科研团队昼夜奋战，重新设计电路板、开发了第二代更加方便快捷的测温仪，完成了小型生产线开发，团队成员几乎到了“忘我”的状态，他们用实际行动诠释了对“疫情就是命令，时间就是生命”的深刻理解。

不辱使命，无声奉献

任务引领发展的过程中，团队培养了一批相关领域专业人才。现任研究室负责人李范鸣就是其中一位，他曾任多个重大型号任务的主任设计师和某型号系统的副总设计师，负责并参与从系统设计、研制、联试、性能测试、靶场试验到装备生产的各个环节，先后主持完成了多项国家重大型号项目的设计定型工作。

2004年4月，在河南某地试验基地参加某型号任务定型试验时，获取的一系列新的数据让团队兴奋不已，众人当即决定赶回上海对数据进行再次整理和验证。可就在赶往机场的途中，李范鸣等人乘坐的出租车与左转弯的土方车发生了激烈碰撞，他不顾伤势，牢牢抱紧两台保密计算机，拉着同事紧急撤离事故车辆，直到相关部门工作人员赶来，保护了国家机密。住院期间，他仍然关心项目的研制与试验工作，经常与课题组其他同志讨论相关技术问题。为了让设备能早日完成靶场试验，供用户使用，出院后他立刻返回基地投入工作，最终圆满地完成了定型试验任务。

2009年11月，外场试验留影

2010年1月，外场试验留影

2021 年 12 月，外场试验留影

红外光电装备及光电对抗装备研究团队先后完成了多个某型号防护系统、红外某分系统的研制及设计定型工作，争取到小批量的某型号红外设备的生产任务，生产经费超过4500万元，为研究所军工生产开创了一条新路。其中“光纤滑环代替电滑环的数据传输技术”的攻关，很好地解决了困扰红外某系统进一步发展的技术瓶颈，提高了系统的可靠性和实用性，为系统的大批量生产和装备扫平了道路。此外，研究团队还承担了某型号超长线列红外某技术等多项预研课题的研究任务，致力于解决大的搜索视场和远的作用距离兼顾的技术难题，以及国产红外探测器工程应用的研究，为进一步提高我国红外某系统的综合性能打下了良好的技术基础。

这支团队，在幕布之后安于日复一日地无声奉献。他们同千万个不可为人所知的中国科研人员一起，将自己燃烧成一颗颗小星，于浩瀚的墨色夜空中为人照亮一寸之地。

承前　纳新　磨不磷

——记光学加工与检测团队

上海技物所光学加工与检测团队致力于大口径、复杂曲面光学元件的高精度制造与检测技术的研究，承载了几十年传统加工工艺的浓厚底蕴，开创了现代数字化加工与检测生产线，为风云系列气象卫星、天宫系列目标飞行器等三十多项国家重大工程型号任务的顺利研制，提供了光学元件加工与检测的坚实基础和强有力的保障。

上海技物所是国内较早单独成立光学加工与检测中心的研究所之一，团队在摸索中起步，在历练中进步，研究高精度的畸变矫正与驻留时间求解算法，解决了大口径、大陡度非球面的加工难题，对不同基底材料的光学元件均已建立成熟的加工与检测工艺；研究子孔径拼接技术和半透半反补偿技术，解决了大口径平面反射镜及凸非球面的检测难题，光学元件加工、制造和研究工作承前启后，加工与制造能力在国家重大任务牵引下持续提升和发展。

荣镜宙宇，镜观八方

风云二号气象卫星扫描辐射计主镜的加工制造过程充满了艰辛曲折。当时，裴云天研究员是风云二号气象卫星扫描辐射计光学系统设计师，他于 1978 年考入上海技物所后便师从匡定波院士，毕业后承担的第一个重大工程型号项目就是风云二号气象卫星扫描辐射计的研制。风云二号气象卫星工作在 36000 km 高度的地球同步轨道，要在如此遥远的位置获得高清晰图像，对光学系统的结构要求近乎苛刻，裴云天首先要攻克的难题就是减轻仪器 50% 的重量。

风云二号气象卫星扫描辐射计主镜口径为 410 mm，是当时国内光学遥感卫星上口径最大的；将如此庞然大物进行轻量化，国内并无先例可循。裴云天一番钻研后发现，在当时的条件下，只有用石英玻璃作为光学材料这一条道路可行，同时他主张使用国产玻璃材料。为此，他前往新湖玻璃厂考察材料。国产玻璃材料的最大口径是 200 mm，要满足光学系统元件的大口径要求，需要用四块最大口径材料熔融拼接。熔融过程炙热难熬，2000℃的高温将工人师傅的工作服都烤得脆化破裂了；千辛万苦下终于将镜坯成功制作了出来。材料的问题解决了，但轻量化问题仍然棘手。计算显示风云二号主镜背部需要打 108 个孔；在石英玻璃材料上打孔也是当时国内未曾探究的领域之一。裴云天在外国文献上看到过用超声波机器在玻璃上打孔的案例，于是他走访了上海玉石雕刻厂，实地观看了超声波机器在玉石上打孔的工作过程，立刻明白：超声波打孔的工具必须在声波的波峰位置。接下来的日子，他每天与冷加工的工人一起试验各种工具，共同研判磨料的工艺、打孔的速度等。历时一年，终于完成了轻量化 50% 的镜坯。

一个问题解决了，新的加工问题又出现。20 世纪 80 年代，所内没有干涉仪等高精度无损检测仪器，加工方法仍以手工工艺为主。光加中心只有一台 60 年代的抛光机、刀口仪及读数显微镜，借助这些设备加工出来的镜体始终无法得到达标的像质。裴云天经过研究，认为可能是背部打孔导致了镜体的平面度差，放置时镜面变形。他委托当时负责加工的张德华师傅和王宪民师傅将镜子背部平面度修磨到了几个微米；之后的加工过程就非常顺利了，两周后就达到了使用要求。1997 年 6 月，风云二号气象卫星 A 星成功发射，为我国静止轨道卫星有效载荷的研制积累了大量宝贵经验。

2007 年 8 月 30 日，上海技物所公共技术室成立宣布大会

自风云二号系统主镜加工与检测任务完成后，上海技物所更加重视光学元件加工及检测技术的发展。

珠联璧合，与日俱新

2007 年 8 月，上海技物所为更好地服务于国家航天事业，按照航天工程型号任务专业性的特点，调整整合力量资源成立公共技术研究室。“我们有理由对未来充满信心，以务实的精神积极进取，努力提高先进遥感仪器的光学加工、装校、检测能力，实现有关技术突破，力争达到国内第一梯队的技术水准；针对工程实际，形成光学系统和机械部件转动机构的检测能力，逐步向具有一定总装能力的方向发展。”部门负责人郑列华在调整宣布会上即确定了中心未来发展方向。

天宫一号上搭载的高分辨红外相机系统主镜加工任务就是新团队遇到的第一个棘手难题。天宫一号作为我国载人航天工程发射的第一个目标飞行器，其上搭载的高分辨红外相机系统主镜口径达到了 606 mm，并且使用了碳化硅作为镜体材料。碳化硅材料具有良好的导热性、抗氧化性以及优异的高温力学性能，但同时也具有良好的耐磨性和高硬度，在改性工艺尚未成熟的时期，这对加工而言难度不小。刚刚成立的公共技术室还没有三坐标测量仪，只能用刀口仪测量，而刀口仪必须在镜面表面抛亮的条件下才能完成检测，这就要求每次镜面研磨结束后必须先抛亮镜面才能检测单次研磨成效。负责镜面加工的王宪民和傅东明采用纯手修的加工方式，每次磨砂后再抛光，然后用刀口仪检测，再磨砂再抛光，按照这样的步骤循环反复进行加工。二人常常叮嘱后辈：做光学加工的人一定要静下心，耐得住寂寞，手修非球面修出来的不是镜子，而是一件件艺术品。他们的

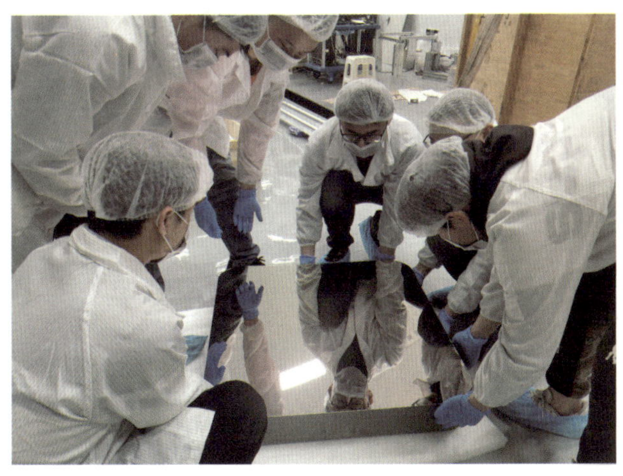
口径 800 mm 的主镜上框架

口径 800 mm 平行光管主镜装调

工作常常一开始就是几个小时不停歇，手扶着磨盘一点点地去除镜子表面的残余误差，工作结束后总是腰酸背痛、手麻眼酸。新手们看着镜子在单轴机上一圈圈地旋转就已头晕眼花，而加工师傅们是日复一日地坚持工作，他们热爱自己的工作，没有半点怨言。最终，在设备条件有限的情况下，他们完成了该 606 mm 口径碳化硅反射镜的加工，其面型精度、表面粗糙度、焦距等关键参数均达到或优于设计要求。

加工任务圆满完成，却也暴露出传统手修加工工艺和检测方法的不足：需要耗费大量的人力物力以及冗长的加工时间。伴随着空间技术的快速发展，对专业化、系统化、工程化的公共技术产品的要求也愈来愈高，传统的手工加工效率已无法满足未来光学系统元件的性能需求。于是，团队找到了新的发展方向——走数字化加工与检测的道路。在此方向下，中心先后引进了数控小磨头加工机床、磁流变加工机床，以及三坐标测量仪、光学中心偏测量仪、ZYGO 激光干涉仪等测试仪器，大大增强了光学加工与检测能力。

百尺竿头，更进一步

团队将传统加工工艺与数字化加工工艺相结合，通过手工加工弥补机床加工导致的边缘效应以及局部面型误差，全面提升光学非球面元件的加工效率，并将其应用于诸多型号项目的加工与检测任务中，大幅缩短了加工周期，为所内型号任务如期交付提供了有力保障。在先进设备的加持下，光学加工团队在大口径碳化硅离轴非球面反射镜数字化加工与检测技术、离轴非球面数控加工、红外晶体材料光学元件高效高精度制造技术方面取得了重要研究成果。

2011 年，光学加工团队承接了风云四号气象卫星光学系统的加工任务，其光学系统主镜设计为圆形离轴非球面，由于离轴量偏大，使用干涉仪采集得到的面型图呈椭圆形，无法匹配机床加工的实际坐标系，且其主镜的面型加工精度要求很高，这样的采样结果无法准确指导加工工作，必须要进行畸变矫正。这个问题一直困扰着上海技物所光学加工团队。2012 年，刚从中国科学院长春光机所取得博士学位的张金平加入了团队，他争分夺秒地学习，阅读了大量文献资料，在短时间掌握了光学加工相关技术，结合自己研究生期间积累的课题经验，采用光线追迹的方式对采样图像进行畸变矫正，还原图像精度 0.1 mm

以内，成功实现了采样图像对加工工作的精确指导，解决了困扰加工团队良久的畸变矫正问题。

2018 年，团队承接了某卫星某相机光学系统的加工与检测任务。光学系统的次镜具有大口径、凸非球面、不透明材料的特点。传统制造过程是采用背部检测的工艺，球面镜作为补偿镜的检测方案都无法实现，无法检测就意味着无法加工，这让承担光学检测任务的叶璐非常苦恼。没有适用的检测方案，工程型号项目的光学元件加工任务就难以在所内完成：一方面无法保障工程型号任务的研制进度，另一方面势必会对上海技物所光学元件制造能力的提升造成较大的影响。叶璐等人明白其中的利害，他们不断地研究琢磨，进行大量的公式推导，并虚心向科研前辈请教，最终提出了利用镀膜的方式实现单透镜的半透半反补偿方案，解决了大口径凸非球面的检验难题。该方案在理论和实践环节都得到了论证，团队利用此方法圆满完成了某卫星某相机光学系统次镜的加工与检测任务，为工程型号任务的顺利研制作出了贡献。

经过几十年的发展，上海技物所光学加工和检测团队不断进步和壮大，目前已经具备了成熟的反射镜加工能力，编写了完整的工艺流程，并且在浮动支撑检测技术、大口径反射镜的垂直检测技术、多工艺组合的加工技术、反射系统的快速装调技术和红外光学元件的高精度加工技术等领域都取得了相应的成果，已经初步具备了 2 米口径光学元件的加工与检测能力和小批量系统装调能力。

老一代的科研工作者甘于奉献、默默无闻、不断耕耘，用无数汗水浇灌出的硕果为中国的科技领域开辟出了一大片新的天地，新一代的科研小将们也将沿着前辈的步伐，一步一个脚印，稳扎稳打，不急不躁，为我国科研事业的发展贡献自己的光和热。

努力实现更多突破

2019年5月，党中央专门出台了《关于进一步弘扬科学家精神加强作风和学风建设的意见》，随后在2020年9月11日召开的科学家座谈会上，习近平总书记强调要大力弘扬科学家精神。我从2002年在上海技物所读研开始，经历近20年的科学工作生涯，对于此感触颇深。

“搞科研总要有点牺牲精神的。”这是我的导师陈桂林院士在教导我们时常说的一句话，陈院士在科研工作中兢兢业业、任劳任怨、不计时间的工作激情一直感染着我，以年轻人成长作为出发点、以国家科学发展为己任的奉献精神一直深深影响着我。

科学成就离不开精神的支撑，科学无国界，但是科学家有祖国，在工作时应抱着国家安全与己息息相关的态度。我从事的工作对保证国家的安全具有重要的意义，因此在工作时心中常想要与其他国家赛跑，要尽自己最大的努力保证自己所在行业的科学技术处于世界前列。

勇攀高峰、敢为人先的创新精神是发展国家科学技术的发动机。在工作过程中严格要求自己，所承担的项目力求做到极致，不放过每一个细节，任何一个细节上的疏忽都可能会导致一个完整的项目功亏一篑。对每一个项目节点都严格把关，对每一个出现的问题都绝不放过，时刻保持探索真理的态度，追求逻辑严谨性，坚持“每一个不合理的现象背后都有一个合理的解释”，绝不接受模棱两可。

对于每一个项目，每一个指标必须要求建模分析和定量化描述，并建立完整的指标体系，刻画出项目的物理边界。针对实验中观察到的每一个新现象，根据理论建模分析，通过缜密的分析和大量的实验验证提出新模型、新理论，并探索解决问题的新路径，争创高水平成果。

一个人的力量是有限的，需要善于发挥集体的力量，保持集智攻关、团结协作的协同精神。作为多个项目的负责人，要永远保持清醒的头脑，清晰地知道团队内每一个成员的优势所在，善于最大化每一个成员的优势，合众之力以突破每一个瓶颈。在团队管理上，保持公开、透明的原则。集体利益永远放在第一位，为自己团队中的每一个人着想，保持甘为人梯、奖掖后学的育人精神，尽力为大家争取更多的机会，乐于分享个人成果，不让团队做无意义的重复性工作，给年轻人更多的机会，让年轻人更有激情投入科研工作中。

现在，我国经济社会发展和民生改善比过去任何时候都更加需要科学技术的解决方案，更加需要把原始创新能力提升摆在日益突出的位置，也更加需要大力弘扬勇攀高峰、敢为人先的创新精神。在激烈的国际竞争中，唯创新者进，唯创新者强，唯创新者胜。极大调动广大科技工作者的创新创造精神，激发创新创造活力，使谋划创新、推动创新、落实创新成为自觉行动，在解决受制于人的重大瓶颈问题上强化担当作为，努力实现更多“从 0 到 1”的突破。

（陈凡胜，男，1978 年生，工学博士，上海技物所研究员，博士生导师，入选万人青拔、获国防卓青科学基金支持。长期从事天基高时敏红外感知技术研究，主持国家重大工程型号项目等共 16 项，获国家技术发明奖一等奖（第二完成人）、中国科学院杰出成就奖突出贡献者。）

第四篇章

砥砺行

国际上，高性能红外传感器是国家现代化所必需的核心关键技术。红外探测器进一步多元化发展，量子阱、Ⅱ类超晶格红外焦平面已在空间任务中得到应用，空间红外技术涵盖了对地观测、深空探测、红外天文、火星探测等各类航天器。美国“未来10年地球观测科研计划”提出对气候变化、空气质量、水资源、海洋和陆地生态系统等的监测，这是红外遥感技术发展的重要方向。

上海技物所着力开展红外探测机理研究，推进红外焦平面规模化发展，并建立红外与光谱成像、红外探测为主的航天有效载荷研制体系，覆盖地球高、中、低各轨道对地观测应用需求，并逐步延伸到深空探测。在部分领域，研究所研制的先进有效载荷性能实现了国际领跑。面向未来，以国家重点实验室体系重组为契机，要持续走出创新之路的铿锵步伐，实现高水平的科技自立自强，上海技物所的老中青科研工作者们，仍将砥砺前行。

守初心，担使命，找差距，抓落实

实干 勤勉 敢为先

——记王建宇院士

王建宇，浙江宁波人，我国光电技术专家。1982年毕业于杭州大学物理系，1990年获上海技物所博士学位。2017年当选为中国科学院院士。主持了国际首颗量子科学实验卫星系统的设计和研制，解决了星地量子科学实验中光束对准、偏振保持和单光子探测等多项核心技术难题，确保了星地量子密钥分发、纠缠分发和地星量子隐形传态等科学实验的完成；提出了超光谱成像与激光遥感相结合的探测新方法，解决了多维遥感探测中信息同步获取难题，主持研制了多种超光谱遥感系统，并产生重大效益；提出了空间远距离激光高灵敏度单元和阵列探测方法，实现了我国激光遥感的首次空间应用。

2007年，嫦娥一号月球探测器正式拉开了嫦娥探月工程“绕落回”三步走的序幕，其激光高度计分系统获取了我国的第一幅立体月球图。2016年，我国自主研发设计“墨子号”量子科学实验卫星成功发射，使中国在世界上首次实现卫星和地面之间的量子通信，对我国在量子通信技术方面占据国际领先地位具有重大意义。这些成果，都离不开一个人，他就是全球首颗量子科学实验卫星“墨子号”的常务副总设计师、卫星发射总指挥，嫦娥一号卫星有效载荷激光高度计分系统主任设计师王建宇。

不惧坎坷，求学不止

王建宇回顾自己的成长经历时笑称“十分普通”，少年时也未曾想过自己竟然可以做翱翔天际的科研工作，感慨自己在少年时期平凡生活中磨练出的踏实品格与持久耐心是不断向学的基础保障。幼时，由于父母工作繁忙，王建宇是跟着外公外婆生活的。细心温柔的外婆在生活上对他关怀备至，而外公则是担起“老先生”的职责教他识字读书，这也让王建宇早早养成了学习的习性。读高中时，王建宇各科成绩都很优异，尤其是在物理科目上更是展现了高昂的兴趣志向，当时的班主任兼物理老师杜美娟十分欣赏这位刻苦学习的学生，同学们也喜欢这位谦虚助人的班长，平时问问题，大家都玩笑又佩服地称他一声“王先生”。而王建宇也一直感激杜老师对自己在物理方面的启蒙，时至今日还时常回母校探望。1976 年，王建宇高中毕业，由于高考还没恢复，他进入了新华书店开始工作。1978 年，中国恢复了高考。看到有读大学的希望，王建宇毅然决然地辞去了众人眼中的“铁饭碗”岗位，勇敢去抓继续深造的机会。填报志愿时，他的第一志愿是浙江大学应用数学专业，一是离家近，二是当时“哥德巴赫猜想”风靡，心怀憧憬的学子们都想一探奥秘。但天不从人愿，最终他被调剂去了杭州大学物理系，这对于他而言是一个非常大的遗憾。大学四年间，他没有虚度光阴，而是更为认真地钻研物理学，将自己的知识体系打牢根基，为下一次的机会用心准备。

1982 年王建宇大学毕业，没有考取研究生，选择先回宁波；在宁波师范学院物理系任教两年后，1984 年，他报考了上海技物所研究生。这一次，他以总分第一的实力成功，并师从当时是副研究员的薛永祺院士。读研时，他是班里年龄最大的，这让他既有压力也有动力。此后六年中，他先后取得了硕士和博士学位，之后留所工作。20 世纪 90 年代，中西方科技差距大，能出国进修是不少科研人员的梦想，王建宇也有这样的机会，但他绝不肯放下手里的任务，选择踏实、持久地走好自己的科研路。

拔丁抽楔飞“嫦娥”

2003 年，王建宇担任了嫦娥一号卫星有效载荷激光高度计分系统主任设计师。嫦娥一号是中国第一颗绕月探测卫星，激光高度计利用主动激光遥感技术获取月表地形高度数据，并可与 CCD 立体相机数据共同工作，获得月球表面高精度三维立体成像。王建宇团队负责的激光高度计肩负对月面复杂地形的“测高”任务，要得到我国的第一幅立体月球图需要激光高度计在月球表面打出几十万束激光，不能有一丝差错。

由于技术的敏感性与特殊性，激光高度计的所有核心部件必须自主研发。至今，王建宇对当时面临的难题记忆犹新。如何让部件能够承受太空中剧烈的温度变化和猛烈的宇宙射线轰击？如何在真空和失重状态下保证各个部件依然能运行良好？如何解决大功率激光器能量强返回信号微弱这“一强一弱”的难题？如何解决仪器的使用寿命问题？设计、制作、改造、测试，一套流程要来上千上万遍。但当时的王建宇只想着要做好这件事，有困难就解决困难。

在他的组织推荐下，上海技物所和上海光机所组成跨所联合攻关研究组，一起论证设计、试验验证，遇到问题共同分析解决。激光器在真空状态下性能急剧下降，研究组就钻研机理，优化技术，反复验证，确保项目进度正常推进；核心部件高功率半导体激光二极管组件的工艺和质量不过关，研究者就充分借鉴空间红外和硅探测器的丰富研制经验，并与上海光机所、半导体所讨论交流技术方案，改进工艺和筛选方法，最终形成了国内第一个空间激光二极管组件研制规范。在研制团队成员的共同努力下，嫦娥一号激光高度计终于克服了“上天”的瓶颈。

2006 年，王建宇与嫦娥一号激光高度计

2014 年，王建宇与成像光谱仪

2007 年，嫦娥一号月球探测器正式拉开了嫦娥探月工程“绕落回”三步走的序幕；11 月 28 日凌晨，嫦娥一号激光高度计正式开启，为中国第一幅立体月球图画下完美一笔。从此，上海技物所空间主动光电载荷技术与嫦娥探月工程同发展共进步的蓝图徐徐展开。

十年磨剑成“墨子”

2016年，我国自主研发设计的“墨子号”量子科学实验卫星成功发射，使中国在世界上首次实现卫星和地面之间的量子通信，对我国在量子通信技术方面占据国际领先地位具有重大意义。

王建宇作为“墨子号”的常务副总设计师，亲历了“十年磨剑”的从无到有。为了实现“墨子号”的星地量子通信，团队首先要解决的核心问题是如何接收卫星上发出的光子，其中的技术难度，相当于从万米高空高速飞行的飞机上同时向地面两个旋转的储蓄罐细长的投币口扔硬币，而且一扔不是扔一个，要两边都扔准才行。这一设想是由“墨子号”量子卫星的首席科学家、中国科学院院士潘建伟提出的，这项超前沿的技术当时被美国封锁，王建宇在与多方论证后得出结论：必须做，并且必须靠我们自己做。有志者，事竟成。王院士带领团队深入调研后，提出了卫星的总体架构体系，相当于铺就了结实的地基。为了验证航天仪器在真空下的性能，他带领团队开展了大型热光试验。攻关阶段，王建宇带着团队频繁地在上海和青海湖间往返，每次出差时长都不确定，有时能达数月之久。在高海拔的青海湖那里，他们要想完成艰巨的任务，就必须克服高原反应，还要自己动手解决吃住问题，很快，团队成员都成了野外生存能手。团队成员张亮回忆说，几乎每天晚上，大家都要一起讨论当天的试验结果，给出第二天的试验方向。虽然连夜奋战使团队成员的身体很疲惫，但大家的心里却很有底。

2016年，量子卫星实现与地面站的光链路对接，地面站成功接收到卫星发射的量子光信号。绿光是卫星发射下来的信标光，红光是地面站往卫星发射的信标光，卫星与地面站通过信标光相互对准

2016年8月15日，王建宇在“墨子号”量子科学实验卫星发射成功后留影

最终，经过八年的努力，王建宇及其团队完成了这一几乎不可能的任务，而潘建伟院士更是多次强调王建宇在“墨子号”卫星任务中的关键作用。

因为热爱，所以坚持

在王建宇的科研道路中，导师薛永祺院士对其影响巨大，他始终牢记恩师的箴言，其中一句是：“做科研，如果用的都是教科书里的东西，那就不要做了。”王建宇深刻记得薛院士要求他们做原创性、引领性的研究工作，不能局限于做别人做过的。谈及新时代的科学家精神，王建宇有自己的理解：要对科学充满敬畏，愿意把自己的精力投入进去；不只是追求挣多少钱，而是追求探索未知世界。

2004 年，王建宇（前排右二）对研究生进行课题指导

对王建宇来说，学习物理，从事现在的行业，是他最正确的选择：“无论在什么岗位上，不放弃科研是我坚持的底线。踏实、坚持、责任心是我最看重的品质。我相信，在任何领域，只要一心一意坚持做下去，总会有回报。”当被问到“如果不做科研，想过什么样的生活”时，他迅速且坚定地说：“没有想过，不做科研了我还能去干什么？”科研，对于他来说，就是最理想的生活。

近年来，王建宇积极投身科普事业，为公众普及科学知识，为青少年进行科学启蒙。他认为对于普通百姓来说，科学技术更多时候只是教科书或者新闻里的一个符号，距离现实生活十分遥远。让高深的科技“飞入寻常百姓家”，特别是走进孩子的世界，十分重要。“科普也是我的一份责任。只有把孩子培养好，才会后继有人。”也是凭着为祖国培养后浪的热情，他对人才的挖掘与培养、对团队的组建与发展尽心尽力。

王建宇不仅有着科学家的科研视域，更能从战略层面为国家的科学发展建言献策。他建议在建设国家实验室的过程中，以实验室需要承担的国家目标和战略需求为核心导向来设定学科的领域和方向，以探索国家实验室的建设与运行机制为契机，深化国家科技创新机制的改革。针对“长三角区域一体化示范区建设”这一国家战略，他提出应围绕“绿色发展”、聚焦科技成果转化、打造四个体系促进长三角地区创新协同等看法。为响应党的十九大提出的“科技自立自强作为国家发展的战略支撑”要求，他从科研经费管理的角度给出了切实的建议。

王建宇始终觉得自己不过是个普通人，尽管他已主持过众多国家课题、获得了诸多光辉荣誉。这位中国土生土长的学科带头人，用踏实与耐心为祖国的科技发展添砖加瓦。

自强 踔厉 红外“芯”

——记红外焦平面探测器技术研制团队

上海技物所红外焦平面探测器技术研制团队长期致力于碲镉汞红外材料和器件研究，重点开展碲镉汞材料、红外焦平面器件和航天应用研究，解决了大面积材料、器件性能以及空间环境适应性等关键技术，为我国碲镉汞红外焦平面技术进步和航天应用做出了重大贡献。团队曾获国家科技进步和自然科学奖2项，上海市科学技术一、二、三等奖多项，中国科学院杰出科技成就奖等。

上海技物所红外焦平面探测器技术研制团队就是一群默默耕耘在红外探测“芯”天地中的科学家们，他们为航天遥感卫星研制红外焦平面探测器，可以让卫星在几百千米甚至几万千米的太空中不分昼夜地俯瞰地球、仰望星空，看得更多、更远、更清晰。

多年来，红外焦平面探测器技术团队聚焦核心技术短板、突破关键技术难题，自主建立了富有特色的碲镉汞焦平面技术和工艺平台，实现了我国红外焦平面首次航天应用和在轨业务运行，研制的产品先后成功应用于载人航天工程、风云四号、高分五号和通信技术试验卫星等先进光学载荷，为卫星装上了“中国慧眼”，推动了我国航天红外遥感技术的跨越式发展。这些成果，是红外焦平面团队始终牢记国家使命、发扬红外“芯”精神，二十年如一日专注于红外焦平面探测器“卡脖子”技术，以坚忍不拔的毅力才取得的。

爱国奉献润无声

红外探测芯片技术是发展红外技术的核心，是信息化装备的关键核心技术。红外焦平面探测器广泛应用于卫星遥感和军事监测领域，也正是因为其战略应用，其相关材料、设备和技术等被国外“卡脖子”。国家需要，又没有现成的可买，那就只能撸起袖子自己干。

1994 年 10 月，在日本知名科研机构从事Ⅱ－Ⅵ族和Ⅲ－Ⅴ族半导体材料和器件研究工作的何力，毅然放弃国外高薪工作，学成归国。他选择进入上海技物所从事碲镉汞红外探测器材料和器件的相关研究，希望在祖国的大地上做出一番事业。何力将先进的研究成果积极引入国内，面向大面阵红外焦平面探测器发展，和杨建荣等带领团队创新性地研发了硅基碲镉汞大失配体系分子束外延的理论和技术，在短期内使我国Ⅱ—Ⅵ族半导体薄膜材料水平迅速获得提高，在国内首次制备出大面积、高性能、均匀的碲镉汞薄膜材料，性能达到国际先进水平。这一干就是近三十年，团队解决了碲镉汞薄膜材料从基础研究到工程应用等一系列核心关键技术问题，为我国碲镉汞红外焦平面技术进步和航天应用作出突出贡献。如今团队研制的碲镉汞材料已经多次成功地应用于航天载荷，除了围绕地球巡天望地，还到达了火星环绕轨道，开启了探索“星辰大海”的旅程。

开拓创新勇进取

碲镉汞是最为理想的高性能红外探测材料，新一代面阵红外探测器的发展对大面积高质量碲镉汞材料提出了十分急迫的需求。然而，碲镉汞大面积单晶材料制备难度之高亦是国际公认的难题。是否可以发展硅基碲镉汞大失配体系分子束外延技术？何力团队大胆地提出想法，并将目光瞄准在异质衬底分子束外延技术。这似乎

2019 年，在实验室进行数据分析

是个不可能完成的任务，主要原因是，碲镉汞材料因缺陷能级很低，制备过程中极易产生各类缺陷，相比于半导体行业常用的单晶硅等材料，碲镉汞材料发生孪晶、多晶、高密度位错等缺陷聚集十分常见，如果采用异质衬底制备技术，对缺陷抑制技术的要求非常高。

为解决技术问题，团队不惧困难，负重奋进。有年轻科研人员回忆，攻坚困难阶段，何力坐在光电大楼实验室台阶附近啃馒头的情形总是让他记忆犹新。他严谨治学和艰苦奋斗的精神潜移默化地感染了团队每一位成员。队员陈路在关键技术攻关期间，刚刚做了一个大手术，待病情稍微稳定便穿上净化服一头扎进实验室投入到数据分析中，终于找到了影响材料性能的主要因素，为材料技术突破发挥关键作用。博士毕业后留所的陈星担起了红外焦平面探测器可靠性技术组的重任，在完成某航天型号任务的寿命试验和热真空试验期间，他常常工作到半夜。爱笑的他总是说："苦点累点没啥，只要任务能顺利完成就值了！"

在多年的刻苦攻关实践中，团队成员采购设备并实施个性改造，不断摸索，终于创新地实现了核心光电材料碲镉汞的自主规模化研制，并建立了成熟的理论和操作体系。他们解决了大面积碲镉汞材料难题，对这一难题的破解不仅打破了国外的技术封锁，更使我国在国际上率先实现了硅基衬底碲镉汞的航天应用。

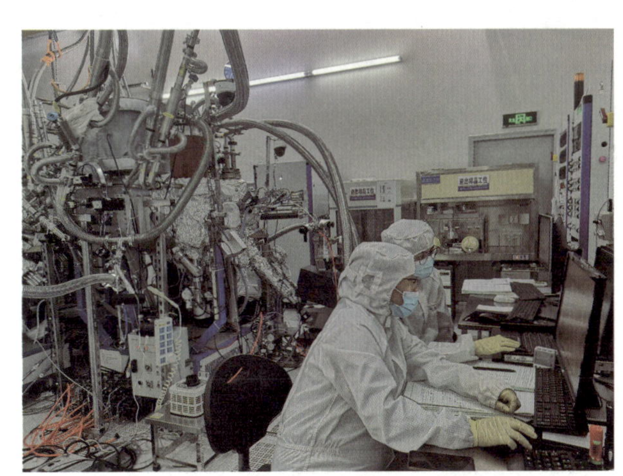

2020 年，分子束外延团队正在工作

锲而不舍镂金石

红外探测器的研制周期较长，研制过程耗费心力，而为了满足探测器在航天任务中的应用需求，其研制又往往有明确的时间节点要求。在此过程中，发现问题、解决问题，或者是完成连续运转的可靠性试验，通常会要求科研人员"连轴转"，这需要的是敢于奉献、坚忍不拔的毅力，说易行难。

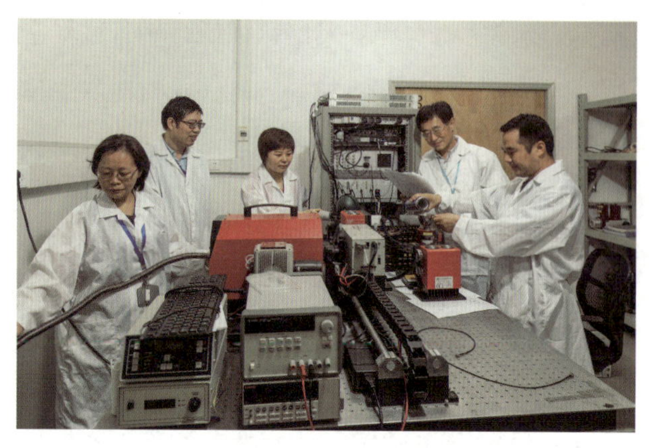
2020 年，在实验室进行检测

2019 年底，某型号研制过程中遇到读出电路频繁失效的问题，面对不断逼近的工作节点，读出电路设计和焦平面测试组组长陈洪雷及时组建失效分析攻关组，集结人员对电路设计、工艺制备、设备状态和环境保障等十几个环节进行反复排查和测试，快速准确定位了失效点，马不停蹄地进行了工艺和设计改进，最终及时、彻底解决了问题。超大规模面阵倒焊技术是大规模焦平面的核心瓶颈技术，任务要求在三个月内实现突破，廖清君带领技术攻关组从相关的几十个影响因素一一着手，对样品准备、设备状态和工艺参数进行统计分析，整理千头万绪，度过了数十个不眠之夜。林春、钟艳红针对影响大面阵器件研制的工艺因素，跟踪每一步工艺，保证了芯片工艺的稳定性。

团结奋斗向未来

红外焦平面探测器研究涉及材料科学、半导体芯片、集成电路及机械等多科学领域，一枚优质红外芯片的打造，历经材料生长和芯片加工等几百道工序，团结协作尤其重要。团结、专注、务实和奋斗是红外焦平面团队的精神基因，是团队自创始至今屡获成功的精神保证。

2021 年，在实验室进行倒焊互联

红外探测器研制团队中 35 岁以下职工约有 70%。年轻的 80 后、90 后在团队精神的熏陶下，继承和发扬了“特别能吃苦、特别能战斗、特别能攻关、特别能奉献”的航天精神，穿上白色净化服，一个个都是能工巧匠，可以因为工作中取得的进步欢声雀跃，也能静下心来忍受科研工作中的寂寞和孤独。整个团队在有组织的协调下和每个成员的积极努力下，达到了高效快速运行的状态。

在红外“芯”精神的支撑下，红外焦平面团队的科技人员在不同的工作岗位上亲身实践，谱写着新时代的创新文化。面向未来，科技创新之路一定不会是一帆风顺的，但对于有理想和梦的每一个红外焦平面团队成员，将会继续发扬红外“芯”精神，迎难而上，张开双臂去迎接挑战，因为，他们的征途是星辰大海！

厚积 深耕 步千里

——记红外物理国家重点实验室

红外物理国家重点实验室是1985年中国科学院首批开放实验室之一，1989年获批国家重点实验室建设，1992年通过验收。实验室始终坚持面向红外物理的国际学术前沿，努力建设国内一流、国际先进的红外光电子学及其前瞻性红外光电技术的应用基础研究基地和红外领域高层次青年科技人才的培养基地。

红外光电子学是从红外光电技术发展中孕育而生的应用基础性学科，属于信息领域，其活跃程度直接决定着高科技领域发展的水平。红外物理国家重点实验室依托于上海技物所，实验室队伍瞄准国家需求的技术背后的科学机理，探索新方法、新理论、新路径，取得了诸多重大的具有原始创新推动力的科研成果，多次获得国家自然科学技术奖二等奖，在国家重点实验室的各次评估中均被评为优秀，多次获得先进集体荣誉称号。

矢志为国家做贡献

“满足国家战略需要”，这是成立红外物理国家重点实验室的初心，亦是实验室传承至今的老一辈科学家精神。

1951年，冲破重重阻力的汤定元从美国回到国内，1964年他选择到上海技物所开展科研工作。在开展半导体技术研究过程中，他敏锐地洞察到红外技术对国家安全十分重要，故而先后三次致信国家主管部门和聂荣臻元帅，恳切建议我国自主部署红外研究。其后，红外物理显示出在国民经济建设和国家安全领域中的较强应用背景，逐渐成为研究热点。

1985 年，物理室进行中国科学院院开放实验室评议

1978 年，被选为改革开放后首批出国留学人员，沈学础满怀抱负前往德国马普固体研究所留学。凭借着心中一股改变国际上“中国人不行”看法的拼劲，他只用了一年不到的时间就完成了需要两三年才能完成的课题，赢得了德国同行的欣赏和信任。两年访问期满后，沈学础毅然决然回国，立志要建设一个“同样一流的实验室”。他和同事们白手起家、因陋就简，从上海技物所的仓库里起步，按照国际水准建立了红外物理实验室，致力于凝聚态光谱及其实验方法研究，并用所得成果促进红外技术与应用的发展。

成立初始，实验室面临重重梗阻：经费支持不足，人才缺乏，内部结构调整带来的磨合……但众人从未气馁，在汤定元、沈学础等前辈们筚路蓝缕的拓路和不辞辛劳的奔波下，红外物理实验室一点一滴地争取与改进，不断凝练创新目标，稳步而迅速地发展，于 1992 年通过国家重点实验室的验收。

实验室的成立、建设、发展之目标始终锚定红外技术，矢志践行于“为解决国家重大需求作出贡献”之路。实验室领路人汤定元曾对出国留学的年轻学子谆谆嘱咐：学习结束后，有机会还是要回国来发展，为中国的科学事业贡献力量。为国做科研的实验室精神在日复一日中渗入学子们的心中，出国开展交流访问或者学习研究的学子们，大都带着满腹学识回来建设社会、报效祖国。实验室第三、第四届研究室主任褚君浩，第五、第六届研究室主任陆卫，都在海外取得突出科研成绩之后，毫不犹豫地选择回国作贡献。

一脉相承的实验室精神，持心揖志的实验室氛围，让红外物理国家重点实验室无惧困难、勇往直前，瞄准红外光电子材料和器件研究展开重点布局；聚焦于国家的科研水平提升，重点实验室与研究所发展将继续保持有机统一和良性互动。

以创新研究推动技术进步

国家重点实验室可以说是一个国家科技创新体系中最重要的组成部分，其建设与发展都是在国家使命的牵引力下旗帜鲜明、方向精准地为国家战略需求服务。红外物理国家重点实验室正是如此，它的首要任务便是将红外技术领域的最前沿成果有效注入国家最急需解决的问题中去：立足于已有科学积累，有效聚集资源，做进一步科学研究，形成"新成果—新技术—新应用"科技链推动力，从而真正保障问题的解决。

2002 年，红外物理国家重点实验室评估现场

在技术和产业上，中国与发达国家依然存在较大差距，就如同要跳到相同的高度，发达国家是站在高坡上起跳，而中国则是从洼地里起跳。故而在研究实践中，实验室的创新团队深刻体会到，要充分释放基础研究和应用基础的创新原动力，除了要有围绕国家战略需求而确立的学科方向，更要能在路径上凸显中国特色乃至实验室特色——用新的科学理论突破，绕开技术壁垒，推动中国赶超发达国家。"用基础研究的科学成果给脚底加上弹簧，让中国有机会跳得更高些。"

陆卫团队和复旦大学安正华团队合作研究"通过散粒噪声对非局域热电子能量耗散进行空间成像"项目，经过六年的攻关，联合研制出扫描噪声显微镜，发现了电子在半导体材料晶格中移动时发热的原因，在国际顶尖学术期刊 *Science* 上发表的相关成果从理论和实验两方面证实了这种奇异特性就来自"热"电子的非平衡态特征，受到了审稿人的高度评价。扫描噪声显微镜技术作为核心手段，其所蕴含技术难度极大，相当于在大雪纷飞时抓取一片雪花落地的声音。这项来之不易的成果给人类指明了一条全新的通往微观世界的道路。

未来靠什么发展，以什么取胜，凭什么立足？聚焦新理论、新材料、新器件、新方法，开拓红外科学与技术前沿阵地，使得红外光电技术“看得更清、看得更远、看得更快”是红外物理国家重点实验室瞄准未来5年至10年的发展定位，也是团队成员们的共识。

不拘一格育“新苗”

实验室在科技前沿拼搏的同时，亦将人才的培养和团队的建设放在重要位置。在多年的发展中，实验室探索出了特色人才培养道路：坚持需求牵引、学科推动模式下人与事结合的人才培养模式。从汤定元、沈学础、褚君浩等前辈，到如今的光电子学、光电子材料与器件、光电技术创新队伍，实验室已然形成了饱含创新、进取精神的老中青聚合的高水平科研团队。此外，实验室还积极与国家任务，特别是国家重大任务的源头性工作相结合，从中培养一批红外领域的高技术人才。

在对研究生的培养中，实验室的各位导师十分注重培养学生的独立科研能力，从不过分插手学生的自主探索与发现，但也会在学生遇到疑难杂症时一起讨论，或是在论文选题方向上给予适度引导；更重要的是，导师会努力为学生的培养和成才塑造宽松的科研环境。如今的东京大学博士后翁钱春，曾在陆卫的指导下，为研制出世界最先进的热电子显微镜付出了五年多的辛勤努力。在那五年的漫长时光中，他没有发表一篇与此相关的论文。为了守实验、做研究，他甚至直接住在了实验室里。最终，在陆卫的指导以及整个团队的努力下，翁钱春带头在

2017年6月2日，红外物理国家重点实验室第七届第五次学术委员会会议合影

国内完成热电子显微镜的设计、制造，这一新成果又为创新人才的培养添上了精彩一笔。

在实验室的人才培育模式下，一批批优秀的科研人员在科研领域中不断脱颖而出。留学回国的研究人员中，陈建新发展了新一代红外探测材料与器件。博士毕业留所的研究人员中，黄志明的工作丰富了太赫兹波的产生和探测技术；胡伟达的深入研究推动了室温二维材料红外探测器的发展。年轻的科研工作者也不时崭露锋芒：王建禄、周靖、李冠海等研究人员在国际重要学术期刊上发表了一系列重要论文，并获得了多项重要荣誉。

坚持开放交流促创新

“开放、流动、联合、竞争”，是红外物理国家重点实验室发展的宗旨。在1992年之后的十年间，实验室设立了130余个开放课题，与多所高校、科研单位联合开展了成果显著的合作；同时，实验室放眼国际，注重在技术领域与外国专家、研究所的交流合作，先后约有100人次参加国际学术会议、访问等，而不少国际著名科学家也来实验室访问交流，其中不乏诺贝尔奖获得者。

此后，实验室不断扩展交流途径，邀请国内外专家讲学，并举办了多个国内外学术研讨会，如2006年成功举办了“红外毫米波—太赫兹国际会议”，有效提升了实验室在红外领域的国际影响。

近年来，在开放课题的支持下，红外物理国家重点实验室团队与武汉大学教授廖蕾合作的“砷化铟基纳米线器件研制及室温红外探测中的应用”成果、与复旦大学教授修发贤合作的“狄拉克和外尔半金属的相变及光电特性研究”

2018年，陆卫（左一）向中国科学院领导汇报科研工作进展

2018年7月，科研人员在实验室开展试验

成果等，均在国际重要学术期刊上发表。同时，实验室团队与国际知名学者开展的系列合作研究，包括与俄罗斯科学家 Yury Andreev 教授进行了太赫兹光源的合作研究，与日本小宫山进教授在发展近场红外光学系统与应用领域进行的合作研究。

他山之石可以攻玉。交流合作是实验室开拓科研视野的途径之一，最终的落脚点依然是发展自身实力、为国家作出应有之贡献。红外物理国家重点实验室不会停下与时俱进的步伐，不会消弭攀登红外领域高峰的斗志，它将继续持之以恒地攻关克难。

聚力　求精　筑一流

——记风云四号气象卫星有效载荷研制团队

上海技物所风云四号气象卫星有效载荷研制团队在国际上首次实现了36000公里轨道高精度高光谱大气垂直探测，填补了静止轨道三维精细遥感的空白，实现国际领跑，对提高我国气象卫星全球观测能力具有划时代的重要意义。团队曾荣获2017年中国科学院杰出成就奖，2020年上海市模范集体。

2016年12月11日0时11分，我国在西昌卫星发射中心用长征三号乙运载火箭成功将风云四号科研试验卫星顺利送上太空。该卫星的升空标志着我国静止轨道气象卫星的升级换代和技术跨越，具有里程碑意义。由上海技物所承担研制的两台关键光学主载荷——多通道扫描成像辐射计和干涉式大气垂直探测仪，同时装载在高轨气象卫星上，在国际上首次实现高时效对地三维成分探测，为我国气象卫星精细化观测能力的提高作出了卓越贡献。

风云四号气象卫星B星－辐射计首图最终版

有效载荷是卫星的“慧眼”，为了这两只“超级慧眼”，研发团队呕心沥血、埋头苦干二十载，先后攻克了低温红外干涉仪、亚秒级指向精度的碳化硅双扫描镜二维扫描机构研制、高灵敏度面阵探测器、深低温大冷量制冷技术等，破解了干涉系统中大光程差干涉光学、高精度面型干涉等技术难题，所有核心技术都走自主研发的道路，为我国相关技术开拓了新天地。特别是探测仪成功实现了成像原理与傅里叶光谱仪原理相结合，达到了红外遥感探测领域几十年来科学家追逐的理想境界。

非坚持无以得到

2000 年左右，欧美发达国家为进一步发展气象卫星，尝试利用红外遥感技术对地球大气进行分层式探测，获取每一层的温湿度数据，从而提高气象预报的准确度，特别是预防灾害性天气；但由于对红外遥感技术的要求极高、对人力与物力的需求巨大，随后几年中各项计划接连取消、延迟。同一时期，中国气象卫星专家也早已关注并思索这一技术设想，在规划新一代气象应用卫星时，一致决定攻克这一具有重要科研应用意义的难题：研制干涉式大气垂直探测仪。上海技物所风云四号气象卫星有效载荷研制团队接受了这一研制任务。他们深知面对的是中国气象卫星步入国际一流水平的一道天堑，要转变中国向别国申请气象数据的劣势，团队非功成不可退。“当别人放弃时，我们坚持；做成功了，就领先世界。”团队首席科学家华建文质朴地说出了团队的心声。

干涉式大气垂直探测仪对灵敏度的要求苛刻，但信号不容易稳定，即使放在上海技物所地下室垫有厚厚海绵层的光学平台上，都可以看到它获取的信号一直在飘，无法捕获。成员们冥思苦想后提出一个设想：用技术手段加快成像速度，从 10 秒一幅干涉图提升到 1 秒一幅，然后平均这些数据，找出仪器的信号，最后再进行一次平均。科研需要实践证明，理论设想无法一步实现。华建文带着团队长年累月在地下实验室工作，不时“质问”自己：答案就在这里，为什么信号出不来？他一次又一次地错过了饭点也毫无怨言。通过反复测算，最终他发现是光校装配有偏差，相差 6 分，而要求上只允许相差 1 角秒，1 分等于 60 角秒，这一差就整整差了 360 倍，所以信号出不来。光从计算上面来看，答案就是如此，解决这一问题也是一定可以做到的；但实际上，团队花费了数年的心血才解决了这一问题。

干涉仪的本身虽然“强健”了，但并不意味着它不怕震动了。多通道扫描成像辐射计的扫描镜工作时会产生晃动和震动，进而影响干涉式大气垂直探测仪的工作。团队成员们从各方各面保证干涉仪的稳定性：电子学方面，准确地测量这个震动，用数据表征出来；制冷机方面，尽可能地将震源的量级压低，降低对干涉仪的干扰；结构方面，给干涉仪做了一个厚厚的底板，给它最好的保障。最终，内外兼并，多方结合，才真正解决了干涉仪信号稳定问题。科研的成功，正是需要咬定青山不放松的毅力。

随着产品攻坚克难成长起来的还有年轻的科学家们。2008 年至 2016 年期间，韩昌佩、沈霞、王战虎、孙丽崴等围绕着两台核心载荷做了三个阶段的机型，基本上每天晚上工作到十一点多，经常看着月亮回家，早上八点就去上班了。但他们觉得，还“挺乐在其中的，当你喜欢一件事的时候，真的就不觉得苦”。仪器就是载体，承载科研团队的喜怒哀乐。调试仪器、解决困难之后，他们都会有所感、有所想，在坚持中享受攻克一个又一个困难的成就，给了年轻同志成长的最好平台。

非协作无以制胜

在研制扫描成像辐射计时，有效载荷研制团队又面临着另一个技术难题：太阳照进仪器里会引起巨大的温度变化，扫描成像辐射计无法在一个温度不均匀的环境中正常工作。当时，美国的热控技术已经能较好地解决这一问题了，团队必须另辟蹊径。A 星扫描辐射计团队负责人王淦泉带领成员们拜访了诸多国内大学后有了思路，决定采用柔性支撑刚柔耦合的方法，让辐射计中最核心的构件不受温度的影响。打造刚柔耦合结构系统，需要用柔性材料，不仅刚度要低，膨胀系数也要低，同时要能消光。团队找了很多地方，一次偶然的机会从中南大学一位老师的讲座 PPT 中发现这位老师有符合要求的碳纤维材料，立刻兴冲冲地前去寻求合作。在深入了解后，知晓他的材料是用来做高铁刹车片的，只能做圆饼、圆盘的简单形状，无法做非常复杂的形状；而且这位老师是专攻材料的，并不懂结构

2017 年 8 月，干涉仪平台团队在实验室工作

设计。于是，双方达成协定通力合作，上海技物所的有效载荷研制团队一边提需求，一边帮老师解决难题，希望能尽快把内部呈刀状的圆筒做出来。第一个圆筒终于做出来后，各种问题又接二连三地出现，但团队并没有草率而轻易地放弃原先的思路。从 2009 年到 2016 年，经过七年的技术攻关，有效载荷研制团队克服了一个又一个工艺难题；在不断推进下，2016 年时随卫星一同飞天的产品已是使用模具一体成形加工出来的了，完全符合技术要求。

卫星和载荷是一个系统工程，而非单项技术，步步重要，哪一个环节、哪一根链条都不能断。风云四号有效载荷研制团队分束器研制组在成千上万的小硒化锌片上反复试验，不断调整设计和工艺，确保在工程化应用之时能一次通过。在任务非常紧张之时，女博士朱钰在团队的支持下参加了航天女科学家遴选活动，经过几个月训练后，她虽落选却了无遗憾。回到所之后，她立即投入工作，哪怕因工不慎摔伤，依然坐着轮椅来所编写代码，直至痊愈。闲暇之余，她还赋诗一首——《致星星的歌》，致敬“风云”路上的每一位科学家。在她看来，“‘风云’系列的故事是很有趣的。在会议上为了技术问题嗷呜嗷呜吵架的；半夜从出差飞机上下来就直奔试验场的；在脏兮兮的厂房里谈起钻研技术两眼放光滔滔不绝的……还有他们犯的那些哭笑不得的错误，走过的让人牙痒的弯路，老一辈和年轻一辈有继承，有争论，有矛盾，但是大家都是很可爱的人”。这里不仅有奉献、同甘共苦，还有相互理解和包容，更有看不到的努力。有效载荷研制团队已是一个大家庭，每个人都在其中得到呵护。

非拼搏无以作为

风云四号载荷的研制从指标上瞄准的是超越欧美目标，而在业务应用维度，更是出于满足中国气象服务的实际需求。由于中国幅员辽阔且山地多，天气变化具有局部的小气候多和短临天气明显的特点。“这要求中国的气象卫星不仅分辨率要更高，探测更要精准，响应也得更快。”垂直探测仪主任设计师丁雷说。这些实际的需求都化成了具体指标，等待团队勇士们去挑战、去拼搏、去攻克。而领先国际的“中华牌”独特技术优势，就是在持之以恒的拼搏奋斗中形成的。2016 年 12 月 11 日，风云四号 A 星奔赴距离地球赤道上方 35800 公里的高空中，以干涉式大气垂直探测仪为代表的先进光学载荷使得卫星性能实现国际领跑。当风云四号A星与风云二号F星、G星等几位劳苦功高的“兄弟”以及美国GOES-R、日本“葵花8号”等几位实力强大的“外国朋友”会面后，它自信满满地站在静止轨道上，守望人间“冷暖”。首颗试验星即投入气象业务运行，在业内造成了轰动，国际气象界开始转而向中国索要卫星数据，并持续表达困惑——“你们是如何做到的”。然而对团队来说，激动、喜悦只是一个短短的瞬间，团队马上就开始思考如何进一步提升仪器水平。

有没有可能在36000公里轨道对中国区域实现连续观测，就像看实时视频一样看到云和水的细节图像？有没有可能进一步提高传统气象预报中的短中期预报精度，尤其是“1小时之内”的短临天气预报精度？为此，B星快速成像仪启动研制。这又将是一次伴随着殚精竭虑、百折不挠的技术攀登。2021年6月3日，我国在西昌卫星发射中心用“长征三号乙”运载火箭，成功将风云四号02星送入预定轨道。对主载荷都实行升级后，风云四号B星能获取地球表面和云的精细光谱、高精度定量观测数据和图像，实现大气温度和湿度参数的垂直结构观测，并具备了区域快速成像观测能力，进一步提高我国天气预报的准确率和精细化水平。为了充分保障中国共产党成立100周年庆祝大会气象工作，国家卫星气象中心安排了风云四号B星提前开机。快速成像仪完美亮相，表现出彩，实现了每分钟一次的高频观测，250米空间分辨率达到了静止轨道气象卫星国际最高水平。气象专家评价，“过去看天气过程像看动画，现在更像是看流畅的电影。”

风云四号气象卫星有效载荷研制团队始终有着往前进的急迫感：风云四号的成功并不代表自身很强，欧美国家也在不断发展着卫星技术。指标越来越高，指标体系越来越具象，团队成员深深感到前进的步伐在变慢，没有一些突破性

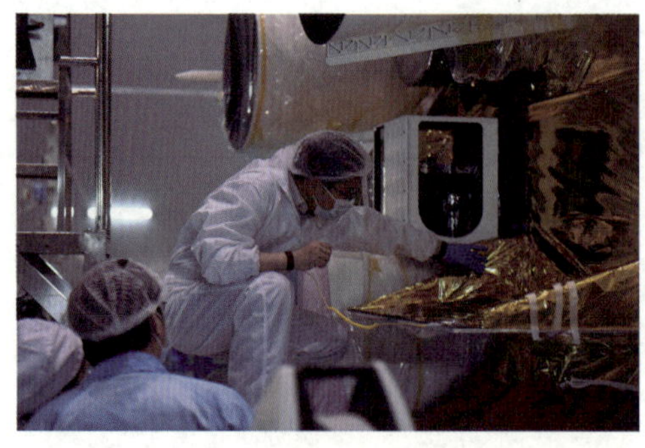

2021年5月3日，风四团队对漫反射定标解锁进行扫描镜检查

2021年5月24，风四团队在厂房工作

进展便很难达到预期，所以每时每刻都要抓紧攻关，“风云”勇士们不停开始新的征程。

银河皎皎，玉宇苍苍，世间攘攘，吾心昭昭。这是团队成员在科研工作闲暇写下的诗句，笔端流露的，也正是这支空间红外遥感技术“国家队”的初心。

披荆　斩棘　耀星光

——记天基时敏红外探测创新团队

上海技物所天基时敏红外探测创新团队围绕先进红外信息获取技术突出的时效性与灵敏度研究，以自主创新开展新型遥感仪器的研制。在20多年的艰苦攻关中，团队以超人的耐性和坚强的决心，解决了精度超标、模态超标、资源超标等问题，攻克了世界顶级的时敏遥感技术难题，为我国在该领域跻身世界前列作出重大贡献。团队于2018年获中国科学院杰出成就奖、前沿创新专项奖一等奖；入选科技部创新人才计划重点领域创新团队；2019年获国家技术发明奖一等奖。

2017年1月初，长征三号乙运载火箭圆满完成第245次发射任务，在普通老百姓看来这又是一项“十拿九稳”的航天发射任务，但对于上海技物所天基时敏红外探测创新团队来说，他们的心情却如同坐过山车。直至长三乙一飞冲天，载荷在轨综合测试、试验试用等各项性能指标都优于设计要求时，团队负责人孙胜利握紧的拳头终于缓缓松开。这“一紧一松”，是20多年刻苦钻研、艰苦奋斗、忍辱负重后各种情绪交叠在一起的释放，是长期执着坚守的欢乐，只有对最先进的卫星有效载荷研发有着深刻了解的人才能体会蕴藏在这“一紧一松”背后波澜壮阔的细腻情感。

立志定向，开启征途漫漫

20世纪末，中国经济进入高速增长期，国家对高科技人才涌现井喷式需求。彼时，未及30岁的孙胜利在上海技物所博士研究生毕业。是出国深造，去企业领取高薪，还是留在这所培养他的国立科研机构从事科研工作？在裴云天研究员的鼓励下，继续未完成的预研工作，和团队一起突破一个国家重大项目的关键技术，最终成为了他的选择。而究其根源，他说："能把有兴趣的研究工作和国家的迫切需要相结合，机不可失，千载难逢。"在相近的价值观引领下，一批年轻人聚集起来，开始了漫漫长征路。

众所周知，登高则望远。天基高时效红外探测技术，是空间信息获取技术领域的前沿；要求其能在距离 36000 公里的地球静止轨道上，捕获稍纵即逝的红外辐射信息，既要快，也要准。这与传统遥感技术在探测机制上存在较大差异，对构建我国高时效空间红外探测网络具有重要的战略意义。研制出满足这一需求的高性能光学载荷，不仅有望填补国内空白，该仪器还将成为国际领先水平的先进光学仪器。在研制初期，我国相关技术基础薄弱，这项颇为超前的研究面临着诸多亟待解决的"卡脖子"问题——探测器距离远、目标微弱、背景复杂等。在当时，要完成设计，不仅缺少可参考的技术方案，在应用上也缺少实际的场景数据佐证。

2013 年 9 月，孙胜利（左一）向白春礼（左三，时任中国科学院院长）汇报工作

"以国为重"的研究所使命定位，长期发展积累的研发经验，"垂直整合"的资源保障能力，以及老一辈科学家严谨坚韧的作风，都给予了团队"咬定青山不放松"的源源动力，团队成员誓将关乎国家安全和长远发展的国之重器研制进行到底。第一个十年，他们着力突破技术难关并加以验证；第二个十年，他们重点开展原理样机、鉴定验证产品和正样产品研制。二十余年中，关键技术的攻关和产品的研制时有失败亦有成功，偶有失落亦有惊喜，会有痛苦亦有快乐。用"科技复兴长征路"做比喻，似乎再恰当不过。这支历经了两代人，围绕着我国空间重大战略需求建立起来的团队，跨过重重"天堑"，披荆斩棘，正越来越自信，坚定地朝向更高的科技高峰攀登、迈进。

坚韧执着，翻越科研高山

来自研究所老一辈科学家匡定波、陈桂林的坚韧、执着、奉献精神，一直是团队学习的榜样，在老科学家裴云天等的悉心指导下，陈凡胜、林长青等年轻科学家快速成长，团队在孙胜利的带领下磨炼出了超人的耐性和甘于寂寞的决心。

要实现“从 0 到 1”的突破，不仅需要敢于挑战的勇气，更需要攻坚克难的韧劲。“长征”路上，“五岭逶迤腾细浪”，难题层出不穷，如山脉此起彼伏，但团队成员全然不怕。2006 年前后，团队在高精度扫描与指向机构闭环控制技术、大视场离轴光学系统技术、高精度光机结构技术、红外焦平面探测器组件及长寿命制冷机技术上获得初步突破，这些都是国际上该领域“名列前茅”的硬科技，仪器的技术方案得到初步确立。时间快速推进到 2008 年，遥感仪器研制全面转入工程阶段，而前方又埋伏着技术成熟度低、技术瓶颈未吃透等问题，攻关之路迷雾缭绕，精度超标、重量超标、功耗超标，一系列问题接踵而至。这时，陈桂林院士常挂在嘴边的话给了他们方向——“不合理的背后肯定有合理的解释”，多问几个为什么，少一些理所当然，不要轻易相信“似是而非”的结论，要从物理机理上给出合理的解释，刨根问底，揭开问题的层层面纱。

“没有参考方案就设计适合自己的方案，没有数据就投入时间反复实验迭代。”为了解决一个技术难题，为了开展一次大型试验，为了满足一个研制节点，实验室的泡面和躺椅成为了标配，新春和团队伙伴们一起辞旧迎新成为了惯例，不堪重负时在夜深人静中躲到角落大哭一场再到实验室继续奋斗，也成为高压下的自我疗愈。20 年间，高强度项目有人不堪重负掩面而去，但更有人咬牙接棒完成双倍的工作量；有人碎碎念自我纾解，有人凌晨打电话给团队领头人，翻来

2020 年 1 月，团队在西昌卫星发射中心合影

2020 年，团队在西昌卫星发射中心合影

覆去叨念要辞职，甚至不知所谓地说着家长里短，唠满一个小时，挂了电话喘口气，转身又继续回到实验室。“办法总比问题多”“坚持下去，终有成就”在日积月累中，自然而然地成为了团队的科研信条。而所有的问题“山峦”则成为了“细浪”。

协力攻关，铸就空天慧眼

航天任务团队，讲究协力合作。每一个载荷的在轨优异表现必不可少地面设计、实验等每个环节的严格把关；每个指标的精准实现，更离不开团队成员的齐心协力、不断拼搏和共同奋斗。光机电热磁、人机料法环，“三关”“六性”“十新”，每个环节都要做得足够细，才能把核心指标做到世界级的水平。出厂前夕的大型试验中，换岗后进入值守的蔡萍认真开展数据判读，突然发现制冷机温度在缓慢攀升，尽管仍然在判据的正常范围内，但细心谨慎的她第一时间翻出历史数据进行比对，短时间内判断出这是一起隐藏很深的异常情况，立刻上报并采取了现场保护措施，有效实现了故障隔离，保护了相机的安全。经事后分析，是地面支持设备发生了故障，导致相机制冷机工作环境恶化，若不及时处理将导致相机损坏。在复杂的交错研制流程中，杨萍承担了多台相机的机构研制任务，产品在厂房进行总装测试时，她突然发现相机在某种工作模式下存在震颤，可是其他几台相同的产品却没有此现象。对此，她立刻进行了仿真分析和现场测试，不受过去的成功经验束缚，通过仔细比对和测试，定位在某个参数的失配上，摸清参数边界后迅速完成了问题的定位和解决。细之又细，严之又严，才能确保产品上天“万无一失”。

想要做好一件事，就要把目光投向该领域最厉害的团队、最厉害的产品。团队聚焦高时敏、高灵敏红外探测领域核心瓶颈问题，针对单项技术存在差距的现状，从系统级的角度进行多参量优化解耦。要实现对更小目标的探测，抑制系统的噪声成为工作的核心：既要解决电路的噪声，又要攻克背景杂波的抑制难题。对此他们全面研究了特殊应用环境下的红外探测噪声与背景相互作用机制，发明了新型噪声抑制方法和装置，解决了特殊应用中的基本问题。为了使系统的噪声稳定控制在 0.88 LSB 以下，每一级装配、耦合都需要不断地调整和精细地测试，更换更为匹配的电缆、调整减小外界干扰。针对新型系统涉及光机电热多个跨学科、跨领域的问题，他们系统研究了集成分析方法及其验证方案，解决了先进红外光学、精密机械结构、高效光电转换等多学科共基准设计中参数获取、坐标转换、评价函数等关键问题，实现了装备研制的源头创新。此外，还突破了大口径光机结构、高精度快速指向等关键技术，实现了地球静止轨道周期性热环境下光学热变形的抑制，解决了热交变环境下高精度定位模型解算的难题。

“做到极致，终一定会有所成就。”其背后，是工作记录上密密麻麻的笔记，是加班回家路上拂面而来的微风；是面对困苦永不言弃的坚持，是攻坚克难终获成功的喜悦；是老一辈科学家的不倦叮咛，是年轻一代同事的激扬奋进，是几代人的光荣和梦想，也是无数人的责任和担当。

步步拼搏，迈向星辰大海

二十二年，八千多天，依靠着稳扎稳打、精益求精，团队攻克了世界顶级的时敏遥感难题，发展出了世界顶级的遥感器硬科技并将其置于应用。而火箭推迟发射，对光学仪器和探测器而言又是一次严峻的额外考验。团队顶住巨大的压力，夜以继日测算着探测器的核心技术指标，分析着外部条件的各种影响。团队负责人孙胜利每次签字的时候，看似非常平静，但团队中的每一位成员都明白：每天的数据、证明和报告背后都是一颗颗焦灼等待的心；那轻轻的提笔与下落，却有着千斤的责任和承诺。直到仪器成功应用、效益显著时，团队成员们才大大松了口气。

在持续攀登和打磨自身的同时，他们执着于努力吸取其他领域的前沿成果作为发展的助推剂：把机器人引入镜面研磨抛光、物联网引入过程控制、3D 打印引入制造特殊部件、数据驱动引入集成分析……他们不仅编制了我国在该领域的第一个国家标准，还获得了数十项国家发明专

2021 年 12 月，孙胜利（右一）与团队成员交流工作

利授权，并为国家源源不断地培养出该领域的技术骨干。经历练的年轻人成长起来，并承担了各类工程型号项目十余项，他们默默奋斗在红外光电科技任务的一线，在自己的岗位上兢兢业业、脚踏实地、奋发有为、锐意进取。是责任、也是理想，是担当，也是信念，鞭策着每一位团队成员创造红外视觉，感知世间冷暖，用光子标定和平，用读秒回报国家，也激励着他们不断向前。

现在，他们正围绕更高的探测灵敏度需求，开展更新一代装备的研究与研制工作。自胜者强，自强者胜；突破关键核心技术刻不容缓。努力不设极限，创新更没有止境。荧荧星火没有追逐银河的梦想，因它们就在银河之中。每一点平凡的光辉都印刻在耀眼的高轨银河之中。

赓续"创新"的精神血脉

在1998年进入知识创新工程后，上海技物所科技创新发展步入快速上升通道，这不仅体现了国家对科技创新的重视和高投入，更显著表达了红外光电技术可有效支撑国家自主创新能力战略支点的特性。在此期间，"921"工程、风云三号卫星、探月工程等重大科技任务中，一批自主可控的红外与光电创新技术得以在空间应用。这些鲜有先例的"首次"和自力更生，其实现均不是容易的事，需要具有长远眼光的战略科学家作领路人，需要有奇思妙想用于构建新方法、新路径、新方案的探索者，需要有艰苦奋斗推动核心关键技术攻关的实干家。而纵观这些成功的实践，可以对科学家精神有更丰富的理解。

创新图强于未来

从发展红外技术"缩小与发达国家科技水平差距"，到"实现红外与光电领域不可替代"，再到"成为中国科学院的一张名片"支撑高水平科技自立自强，研究所瞄准国家战略需求，落实发展规划，60多年来，始终坚持红外光电技术的定位不动摇。这样的使命与定位，与战略科学家看得远、悟得透、握得准，息息相关。汤定元、匡定波两位先生站在学科前沿，建立独创性空间红外遥感技术体系，精准指引气象应用等关键领域突破，高瞻远瞩、见微知著；龚惠兴院士带领团队投身创新，拓展红外应用向海洋遥感延伸，并产生显著效益。他们都是担纲"国之重器"，突破"卡脖子"技术难题的领军人物。我们遇上了"最好的时代"，在瞬息万变的当下，更要传承勇于"创新"的精神，紧盯全球科技创新学科体系、研究范式及竞争格局的变革和重塑，充分认识战略的重要性，将国家的需要与上海技物所的优势相结合，实现技术创新与技术基础的平衡。

创新聚焦于革新

创新精神是新时代科学家精神的主旋律。为加快实现更多“从0到1”的突破，我们不能满足于做学术的跟随者，更要敢为人先，勇攀高峰，做无人区的探路者。当下，党中央国务院对强化基础研究，提升原始创新策源能力提出了明确要求，对标对表，我们则更需要赓续创新之精神血脉，着眼于为我国红外与光电领域提供原创学术思想、核心关键技术和标志性的重大科技应用，推动红外光电技术变革性发展，形成我国独有的“金刚钻”“杀手锏”。与此相适应的，还需要有科技创新体制机制的革新，集聚创新资源，打造建制化科研新范式，充分释放创新动能。“只问是非，不计利害”，全身心地对未知的、不确定的科学问题进行不懈探索，是新时代赋予中国科学家的历史使命。

创新着力于协作

从“跟跑”“并跑”到“领跑”，我们需要创新奋斗。但这绝不是单打独斗可以完成的任务，需要集智攻关、团结协作的协同精神。在上海技物所，老一辈科学家甘当铺路石、提携后人，几代人接续攻关的故事一直在延续。这种为了同一个目标，铆足一股劲、拧成一股绳的文化，深深根植在每一个科研团队中；在经年累月的科技攻关中，系统与部件相互推进，应用与基础相互驱动，你中有我、我中有你的创新协同模式，也成为研究所立所之本。

青年智则国智，青年兴则国兴，青年强则国强，青年创新则国创新。第二个百年新征程已开启，锚定“实现国际领跑”发展目标，每一个青年要时不我待弘扬创新，只争朝夕投身创新，赓续创新的精神血脉，为我国实现高水平科技自立自强贡献自己的力量。

（陶俊超，男，1982年生，理学博士，上海技物所研究员。长期从事高技术项目科研管理和空间光学探测领域战略研究工作，多次参与科技部、国防科工局、中国科学院等相关领域的科技规划编制工作，策划、争取和完成了多个国家重大科研项目。）

后记

2021年喜逢建党百年，上海技物所党委决定编写《光与热的奉献——中国科学院上海技术物理研究所科学家的故事》，总结回顾研究所60余年发展过程中沉淀的宝贵精神财富，并在本书编委会的领导下，组建由11名年轻同志组成的编辑部。

在近两年时间内，编辑部先后联系采访了研究所老中青三代科学家近百人，查阅档案史料上千份，组织编辑部工作会议20余次，反复推敲、仔细斟酌、悉心打磨，经过多轮校对、审核，形成本书。编辑部在整理撰写故事的过程中，亦被科学家和团队在红外光电领域自力更生、艰苦创业，为满足国家重大战略凝心聚力、团结奋斗，为对标国际一流自我加压、勇攀高峰的精神所打动。我们秉实记事，在保证科学性和准确性之时，力求通俗、易读。去芜存菁，只为全面、真实展现研究所几代科学家们的科研历程和青葱年华。在此，谨对完成本书给予帮助的领导、前辈和同志们表示衷心感谢和诚挚敬意。

党的二十大报告指出，培育创新文化，弘扬科学家精神，涵养优良学风，营造创新氛围。科学家精神融进了中国共产党人精神谱系，已成为中华民族宝贵精神财富。不懈追求与求实严谨铸造了诸多创新成就，也正是合作守信的优良作风支撑一代代技物所人肩负起时代使命，更形成了“实干见物”的科研文化引导青年一代踔厉奋发、接续奋斗。我们期待上海技物所的科学家群像通过故事传递给所内外，为增强文化自信和创新自信提供精神支撑，汲取前行的不竭动力。

由于编者水平和文笔能力所限，本书难免有疏漏和不妥之处，敬请读者不吝指正。

本书编辑部

2023年3月